... und wann fangen wir an zu arbeiten?

Georg Kaiser

... und wann fangen wir an zu arbeiten?

Aus dem Berufsleben eines Zollbeamten

Bibliografische Information der Deutschen Nationalbibliothek.
Die Deutsche Nationalbibliothek verzeichnet diese Publikation
in der Deutschen Nationalbibliografie; detaillierte bibliografische
Daten sind im Internet über http://dnb.dnb.de abrufbar.

Korrektorat, Satz, Coverdesign: BoD – Books on Demand

Verlag: BoD – Books on Demand GmbH, In de Tarpen 42,
22848 Norderstedt
Druck: Libri Plureos GmbH, Friedensallee 273, 22763 Hamburg

ISBN: 978-3-7597-5487-5

Inhalt

Vorwort

1974 war für mich das Jahr der Entscheidung. Die Handelsschule gerade abgeschlossen, war es vorbei mit dem Schlendrian, die Wahl des Berufes stand an. Wer weiß schon im zarten Alter von siebzehn Jahren, wie man sich später beruflich orientieren soll? Ich jedenfalls nicht. Schon damals litt ich an der weitverbreiteten Krankheit »Aufschieberitis«. Nur dem Druck des Elternhauses ist es zu verdanken, dass ich mich auf eine Anzeige in der örtlichen Presse für den Zoll zu interessieren begann.

Einem Informationsgespräch bei dem zuständigen Personalsachbearbeiter des Hauptzollamts in Osnabrück ist es zu verdanken, dass mein Interesse an dem Beruf des Zöllners geweckt wurde. Von dem Zeitpunkt an gab es für mich kein Zurück mehr. Ich wollte unbedingt Schmugglern an der Grenze das Handwerk legen.

Dass Fiktion und Realität weit auseinanderliegen, kam mir natürlich nicht in den Sinn.

Was daraus geworden ist, nachdem ich nun nach 47 Jahren und neun Monaten als Zollamtsinspektor in den Ruhestand gewechselt bin, werde ich in diesem Buch abwechslungsreich schildern.

Ein Beamter darf sicher nicht lügen. Und deshalb möchte ich darauf hinweisen, dass alle geschilderten Begebenheiten so streng an der Wahrheit angelehnt sind, wie sie mir in Erinnerung sind. Allerdings habe ich die unterschiedlichen Vorgänge nicht unbedingt in chronologischer Reihenfolge niedergeschrieben. Das tut der Sache jedoch keinen Abbruch.

Die Ausbildung

1. April 1974. Die Sonne scheint, und ich stehe mit gepacktem Koffer auf dem Hauptbahnhof in Osnabrück. Im Schlepptau habe ich Heiner. Mit ihm bin ich zeitlebens eng verbandelt. Anders beschrieben: Den werde ich bis zum Lebensende nicht los (später mehr dazu). Wir beide sind in unmittelbarer Nachbarschaft groß geworden und haben zusammen viele Jahre die Schulbank gedrückt. Er wusste nach Beendigung der Handelsschule ebenso wenig wie ich, welchen Beruf er ergreifen möchte. Also ist er wie ich beim Zoll gelandet.

Wir zwei Landeier aus behüteten Verhältnissen waren nun bereit, die Welt der Erwachsenen zu erobern. Teilweise war es die Abenteuerlust, die uns neugierig auf den Beruf machte. Andererseits hatten wir doch ein wenig Angst vor dem Neuen.

Mit einer beruflichen Bindung ist es ähnlich wie mit einer Ehe. Man tastet sich zaghaft an den Partner heran und überlegt, ob es eine Freundschaft auf Dauer werden wird.

Das Kennenlernen begann mit der Aufnahme

in der Zollschule Bad Gandersheim im Harz. Vom Bahnhof in Bad Gandersheim wurden wir am Nachmittag mit einem Bus der Zollschule, einem alten Opel Blitz, von einem Verwaltungsfahrer in mausgrauem Anzug und mit Schirmmütze abgeholt. Es fanden sich mehrere angehende Zollschüler dort ein, die alle zur Schule transportiert werden wollten. Der Opel Blitz schaffte kaum den Aufstieg zu der alten Kaserne, die die Zollschule vor dem Krieg einmal war.

Nach den Formalitäten der Einschulung konnte das Abenteuer beginnen. Drei Monate Einführungslehrgang sollten uns fit machen für den Dienst an der Grenze. Die hatten es in sich, allein das Vergnügen, weit entfernt von der häuslichen Geborgenheit und Kontrolle zu leben. In Stuben zu vier Zollanwärtern mussten wir uns aneinander gewöhnen.

Die Zusammensetzung der einzelnen Klassen war abenteuerlich. Der mittlere Dienst, der dort ausgebildet wurde, bestand zu hundert Prozent aus Männern. Bis in die Mitte der siebziger Jahre wurden nämlich für den Grenzaufsichtsdienst ausschließlich Männer zugelassen. Und deswegen hatte die Zollschule auch den Spitznamen »Bullenkloster«.

Die Zollanwärter waren altersmäßig bunt zusammengewürfelt. Manche von uns waren erst siebzehn Jahre alt und kamen wie ich frisch von der Schule. Andere wiederum waren schon älter und hatten bereits andere Berufe erlernt. Einige Zollanwärter hatten vier, acht oder zwölf Jahre als Zeitsoldaten bei der Bundeswehr gedient und begannen beim Zoll eine neue Tätigkeit.

Der Schwerpunkt der Ausbildung zum Grenzaufsichtsbeamten bestand darin, Gesetze zu pauken, was echt langweilig war. Da hatte die Schießausbildung an der Pistole HK4 und der Maschinenpistole MP5 schon größeren Reiz. Auf sportliche Fitness wurde auch Wert gelegt. Die drei Monate auf der Burg vergingen eigentlich wie im Flug.

Nach dem Unterricht waren wir uns selbst überlassen. Wenn man junge Männer ohne Aufsicht lässt, was kommt dabei heraus? Meistens nichts Gutes. Von den älteren Schulkameraden haben wir die harte Schule des Kampftrinkens durchlaufen. So manch ein Zollschüler hat den Unterricht nach durchzechter Nacht gelegentlich im Tran verbracht.

Das theoretische Kennenlernen der Materie Zoll hatten wir alle gut überstanden und warteten nun auf den Einsatz an der Grenze. Für mich als Landkind aus dem Osnabrücker Raum, das noch nie persönlich eine Zollgrenze gesehen hatte, waren die Vorstellungen vom Grenzaufsichtsdienst jenseits der Realität.

Zum Ende des Einführungslehrganges wurden die Versetzungsverfügungen für den Grenzzolldienst ausgehändigt. Gespannt nahm ich das Schreiben in die Hand. Der Oberfinanzverwaltung Hannover hat es gefallen, mich im Rahmen der Ausbildung an die innerdeutsche Grenze, besser bekannt als Zonengrenze, zu verfrachten. Mein Dienstort wurde Wittingen im Landkreis Uelzen. Lieber wäre ich natürlich an die niederländische Grenze versetzt worden. Aber das Zöllnerleben ist kein Wunschkonzert. Bei der Einstellung musste jeder Anwärter sich bereiterklären, von der Zollverwaltung im gesamten Bundesgebiet eingesetzt zu werden. Daher konnte ich noch zufrieden sein. Es hätte schlimmer kommen können.

Da ich zu dem Zeitpunkt erst siebzehn Jahre alt war, somit noch nicht über einen Führerschein und auch kein Auto verfügte, blieb mir nur die Reise mit dem Zug übrig. Wenn Reisende heute über die Bahn schimpfen, dann haben sie die Reisen im vorigen Jahrhundert nicht kennengelernt. Die Bahnverbindungen von West nach Ost waren alles andere als nutzerfreundlich. Von zu Hause zum Dienstort war ich häufig sehr lange unterwegs und durfte dank der schlechten Verbindungen oft umsteigen. Sechs Stunden Bahnfahrt für schlappe 250 Kilometer! Zu der Zeit habe ich mir nichts sehnlicher gewünscht, als endlich achtzehn Jahre alt zu werden, einen Führerschein zu erwerben und ein eigenes Auto zu besitzen.

An meinem neuen Dienstort hatte ich mich im Laufe des Sommers bei einer örtlichen Fahrschule angemeldet und auf die Führerscheinprüfung vorbereitet. Die theoretische Ausbildung war keine größere Anstrengung für mich. Die Fahrstunden sowieso nicht, denn ich konnte, ohne jetzt überheblich zu wirken, nahezu perfekt Auto fahren. Als Junge vom Land hatte ich in meiner frühen Jugendzeit bereits einige Autos über Stoppelacker, Feldwege und oft genug auch auf öffentlichen Straßen bewegt. Nach der Mindeststundenzahl von acht Fahrstunden wurde ich von meinem Fahrlehrer zur Prüfung angemeldet. Die praktische Prüfung hatte ich am 28. November 1974. Genau einen Tag vor meinem achtzehnten Geburtstag. Morgens um 7 Uhr bestieg der Fahrlehrer mit dem Prüfer einen alten VW 1600 Automatik. Den durfte ich im morgendlichen Berufsverkehr durch Gifhorn steuern. Nach etwa einer Viertelstunde bat mich der Prüfer, am Straßenrand zu halten, und sagte: »Der kann ja fahren, da brauchen wir nicht sinnlos durch die Gegend zu kurven.« Somit hatte ich meinen Führerschein. Ganze 770 Deutsche Mark hatte mich der Spaß gekostet. Zum eigenen Auto reichte es allerdings noch nicht. Dazu später mehr.

Doch nun zu meinem Dienst an der Zonen-grenze. Nachdem der Dienststellenleiter uns Anwärter, wir waren dort zu viert angereist, in Empfang genommen hatte, wurden wir in den Streifendienst eingeteilt. Die erste Streife mit einem Stammbeamten werde ich nie ver-gessen. Und daher stammt auch der Titel zu die-sem Buch. Neugierig setzte ich mich mit dem Streifenführer und zwei anderen Zollanwärtern Richtung Grenze in Bewegung, ausgerüstet mit Pistole, Fernglas, Funkgerät und Maschinen-pistole . Mit dem Fahrrad natürlich. Das kam mir schon mal seltsam vor, denn die Dienststelle hieß doch schließlich GAST (Grenzaufsichts-stelle) mot (motorisiert). »Wieso müssen wir mit dem Rad fahren, wo doch ein Dienstfahrzeug zur Verfügung steht?«, fragte ich. Der Streifen-führer meinte nur: »Der Zoll muss sparen, da gewöhnen Sie sich noch dran.« Damals wurden die Stammbeamten noch gesiezt. Obwohl einige gerade eben erst mit der Ausbildung fertig und manche nicht viel älter als wir Anwärter waren.

An der Zonengrenze angekommen, stellten wir unseren Drahtesel ab und nahmen einen Postierungspunkt ein. Dann schauten wir auf den Metallgitterzaun und schauten auf den Metallgitterzaun und schauten auf den Metall-gitterzaun. Um es in der Sprache von Märchen zu schreiben: »Und wenn sie nicht gestorben sind, dann schauen sie noch heute.« Gott sei Dank ist der Zaun längst Geschichte, sonst liefen die Zöllner dort Streife wie eh und je.

Nachdem wir lange genug geschaut hatten, fragte ich den Streifenführer: »Und wann fangen wir an zu arbeiten?« Der verstand die Frage nicht. »Wie, was, arbeiten? Wie meinen Sie das?« Ich antwortete: »Na ja, wir müssen doch irgendetwas tun. Dafür werden wir schließlich bezahlt, oder?«

»Wir tun doch etwas«, entgegnete er. »Das **ist** unsere Arbeit! Wir verrichten Grenzaufsichtsdienst. Wenn hier nichts los ist, dafür können wir doch nichts. So ging die Zeit vorüber. Jeden Tag Streifendienst, morgens, nachmittags, nachts, an Wochenenden usw. Und nichts, also auch gar nichts passierte. Was sollte auch schon geschehen? Über den Zaun konnte niemand klettern. Der war von den DDR-Grenzern bestens gesichert mit Minenstreifen und Selbstschussanlagen.

Dann kam die Zeit, als die Liebe auf den »ersten Blick« einige Kratzer abbekommen hatte. Ich hätte kündigen können. Ein Personalsachbearbeiter sagte einmal: »Wenn Sie kündigen wollen, dann reicht eine kurze Mitteilung auf dem Rand einer Bildzeitung mit dem Hinweis: Ich kündige!«

Um es kurz zu machen: Ich habe nicht gekündigt und mich bis zur Abschlussprüfung durchgemogelt. Der Abschlusslehrgang in Bad Gandersheim verlief ähnlich wie der Grundlehrgang. Die Prüfung war leicht zu schaffen, und nun bekam man die Versetzungsverfügung an die neue Stammdienststelle. Einige Kollegen meinten zu wissen, dass einmal an der Zonengrenze heißt, immer an der Zonengrenze.

Jeder Zöllner musste damals einige Jahre Grenzaufsichtsdient verrichten, bevor er sich auf Dienstposten bei den Zollämtern, Flug-, Seehäfen oder im Innendienst bewerben konnte. Ich ahnte Schreckliches. Die Zonengrenze halte ich nicht aus. Natürlich bekam ich einen Dienstposten am »Zaun«. Ab dem 1.4.1975 sollte ich Grenzaufsichtsdienst in Bergen/Dumme verrichten, gemeinsam mit dem Weggefährten und Leidensgenossen Heiner. Wieder kam bei mir der Begriff »Kündigung« in den Sinn.

Einen Versuch war es wert. Ich habe bei der Oberfinanzdirektion einen Antrag auf Versetzung an die niederländische Grenze gestellt. Gründe hatte ich mir sorgfältig zurechtgelegt. Das Schicksal hatte es gut mit mir gemeint und mich an das Zollkommissariat Meppen versetzt. Ich jubelte. Endlich an einer Grenze Dienst zu verrichten, an der geschmuggelt wird und kein dämlicher Metallgitterzaun die Länder trennt.

Außerdem schrumpfte der Weg nach Hause um die Hälfte. Es läuft also. Nichts mit Kündigung.

Der Start

Es begann nach bestandener Prüfung mit der Dienstbezeichnung »Zollassistent zur Anstellung« bei der GAST Emlichheim I beim Zollkommissariat Meppen. Recht stolz und voll Vorfreude fuhr ich mit meinem ersten Auto, einem orangefarbenen VW 1302, in die Grafschaft Bentheim. Mit zwei Kollegen, die schon etwas länger dort Dienst verrichteten, durfte ich gleich am 1. April in den Nachtdienst. Die Grenze war ... nicht zu sehen. Erstens, weil es dunkel war, und zweitens, weil es dort keinen Zaun gab oder sonst irgendeine Orientierung. Nur gelegentlich stand ein Grenzstein in der Gegend herum, der anzeigte, dass auf der anderen Seite die Niederlande beginnen.

Lange Rede, kurzer Sinn. Abgesehen von tollen Kollegen war der Grenzaufsichtsdienst genauso öde wie am Zaun. Gelegentlich schnappte man den einen oder anderen Schmuggler, der illegal über die grüne Grenze schlich, mit vielleicht einer Stange Zigaretten im Anzug. Einerseits war der Dienst nicht sonderlich abwechslungsreich, andererseits hatte man recht viel freie Zeit aufgrund des Schichtdienstes. Und Geld bekam man auch noch dafür. Wenn es dann mal wieder vollkommen langweilig war, dachte ich: »Hättest du mal in der Schule besser aufgepasst und ein besseres Zeugnis bekommen, dann hätte etwas aus dir werden können.«

Der Dienst hätte meinetwegen etwas anspruchsvoller sein können. Am wenigsten gefiel mir der täglich wechselnde Dienst. Früh-, Spät-, Nacht- und Wochenenddienste wechselten sich ab. Die Nachtdienste sind mir noch scheußlich in Erinnerung. Ich schaffte es in den meisten Nachtstreifen nicht, sechs Stunden an einem Stück konzentriert wach zu bleiben und im Dunkeln an der Grenze zu postieren. Da halfen auch die vielen Liter Kaffee in der Thermoskanne nicht über die Runden. Ich hatte das Problem, nach dem Nachtdienst nicht richtig ausschlafen zu können wie andere Kollegen. Manche hatten sich nach dem Dienst ins Bett gelegt und den fehlenden Schlaf tagsüber nachgeholt. Meistens war ich am frühen Vormittag schon wieder wach und danach den ganzen Tag unausgeschlafen und schlecht gelaunt.

Jedoch hatte ich Glück. Schon im Mai bekam ich die Chance, im Rahmen einer Abordnung Dienst beim Zollamt Eschebrügge zu verrichten. Das war mal eine ganz andere Nummer. Personenabfertigung im Wechsel mit Güterabfertigung bereiteten mir viel Vergnügen. Zumal das Zollamt nur von 6 bis 24 Uhr geöffnet hatte. Der Nachtdienst, den ich stets gehasst hatte, entfiel für mich. Fünfzehn Monate dauerte die Abordnung. Danach musste ich wohl oder übel wieder in den Grenzaufsichtsdient. Eine freie Stelle gab es für mich noch nicht auf dem Amt.

Stellenmäßig gehörte ich während der Abordnungszeit noch zum Zollkommissariat Meppen. Während einer Dienstbesprechung für die Kollegen des Grenzaufsichtsdienstes, an der ich nicht teilnehmen konnte, ging es um das Thema Bundeswehr. Da die Zollverwaltung eine rein zivile Verwaltung ist, unterlagen die Jungzöllner auch der Wehrpflicht. Somit hatte das Kreiswehrersatzamt Meppen für das Jahr 1976 einen Antrag auf Gestellung von vier Zöllnern für den allgemeinen Wehrdienst gestellt. Zur Verfügung hatte der Zollkommissar sage und schreibe 24 Beamte, die in Frage kamen. Der Herr Kommissar hatte es sich einfach gemacht mit der Benennung der Kollegen. Die vier Kollegen wurden mittels einer Verlosung ermittelt. Seltsamerweise waren bis zum Schluss drei Volltreffer gelandet. Das letzte Los war für mich bestimmt, und wie konnte es anders sein, Kaiser durfte zum Bund. Meine Genugtuung aber war, Freund Heiner hatte es auch erwischt.

Das freudige Ereignis wurde mir mitgeteilt von den Kollegen des Grenzdienstes, die bei der Verlosung ein Freilos gezogen hatten. Der Wehrpflicht konnte man nicht entkommen. Es sei denn, man würde Ersatzdienst leisten. Auf alle Fälle dauerte der Dienst fünfzehn Monate lang. Der Wehrdienst hatte für die W15er, wie die Wehrpflichtigen genannt wurden, erhebliche Nachteile. Erstens war man ja fünfzehn Monate nicht im Dienst und konnte von der Dienststelle nicht beurteilt werden. Eine gute Beurteilung war immer notwendig für eine spätere Beförderung. Dadurch ist manchem eine Beförderung durch die Lappen gegangen. Außerdem war Schluss mit dem leichten und lockeren Leben. Die eigene Butze musste aufgegeben werden, und das Einkommen stürzte ab auf Sozialhilfeniveau. Allerdings waren Kost und Logis beim Bund frei. Als Zollassistent zur Anstellung hatte ich ein Einkommen von netto ca. 1.100 Deutsche Mark. Das war für damalige Verhältnisse recht ordentlich. Der Wehrsold belief sich auf läppische 169,– DM. Wenn man keine Ersparnisse sein Eigen nannte, wurde es etwas eng. Denn man hatte ein Auto zu unterhalten, die Zigarettenindustrie zu sponsern, und eine Brauerei gibt auch nicht ständig einen aus.

Von September bis Dezember 1976 durfte ich noch einmal Grenzaufsichtsdienst verrichten.

Das war mit den Kollegen doch eine recht lustige Zeit. Geschmuggelt wurde noch immer nicht im großen Stil, aber die Zeit haben wir trotzdem rumgekriegt.

Wenn es allzu langweilig wurde, haben wir so einige Spielchen mit dem Dienstbulli, einem cremeweißen VW T2, Achtsitzer mit 1600 Kubikzentimeter Hubraum, 54 PS und zwei Hundeboxen im Heck, getrieben. Diese Fahrzeuge waren schier unverwüstlich. Etwas anderes hätten wir jungen Wilden auch nicht unter den Hintern bekommen dürfen. Die langweilige Zeit im Nachtdienst konnte man sich wunderbar gestalten, wenn man mit dem Beifahrer Wetten abschloss in Form von »Wetten, dass ich den Feldweg schaffe, ohne mich festzufahren?«. Beifahrer: »Das schaffst du nicht.« »Schaffe ich doch!« »Schaffst du nicht!« »Schaffe ich doch!« »Wenn du dich festfährst, ich schiebe nicht!« »Brauchst du nicht, ich schaffe das! Wenn nicht, musst du schon schieben, sonst läufst du zu Fuß zur Dienststelle!« Oft lief es darauf hinaus, dass er schieben durfte.

Als Bullifahrer war ich bei meinen Kollegen verschrien. Was für eine geile Zeit, aber nur vorübergehend. Wie bekommt man die restliche Zeit bis zur Einberufung zum Bund am besten rum? In der Freizeit noch mal richtig feiern und vielleicht noch mal ein nettes Mädchen treffen? Schließlich ist das Leben ab Januar zu Ende. Zumindest das lockere und leichte.

Es war der 9. September 1976. Nachmittags verrichtete ich Dienst mit Hartmut. »Hast du heute Abend etwas vor?«, fragte er mich beiläufig. Ich: »Neee, ich glaube, ich muss einmal früh ins Bett. Gestern war der Abend in der Kneipe etwas länger geworden.« »Kannst ja mitkommen nach Nordhorn ins Kino. Ich habe im Auto noch einen Platz frei.« »Was läuft denn?« »›Tanz der Vampire‹. Mit Roman Polanski, ist was Lustiges.« »Na, wird ja nicht so spät, habe morgen Frühschicht.«

Wir waren dann zu sechst im Kino, drei Kollegen und drei Freundinnen. Nach dem Kino konnte man ja nicht gleich nach Hause fahren. »Lasst uns noch etwas trinken gehen.« Dabei haben wir alle uns für das kommende Wochenende zum Tanz verabredet. Angelika, die beste Freundin von Karin, Hartmuts Freundin, war auch dabei. Das war die aus dem Kino. Es war ein schöner Abend. Der verlief nämlich anders als einer mit Freunden an der Theke. Tanzen konnte ich absolut nicht, aber habe es trotzdem versucht. Angelikas Füße hatten es ausgehalten.

Danach trafen wir uns gelegentlich und kamen uns näher. Allerdings sollte es nur eine lockere Freundschaft sein, da ich ja in Kürze zum Bund eingezogen wurde. Meine Einberufung hatte ich bereits zur Feldjägerausbildungskompanie 740 in Celle. Also am ganz anderen Ende Deutschlands. »Das wird nichts mit uns«, dachte ich. Und das dachte sie auch. Ich war damals neunzehn Jahre alt und sie siebzehn. Es würde sicher für uns beide noch etwas anderes zu finden sein. Schade, dachte ich, so eine liebenswerte Person. Scheiß Bundeswehr.

Um es vorwegzunehmen: Ich bin mittlerweile seit 42 Jahren mit Angelika verheiratet. Ein Freund von mir behauptet: »Es gibt keine Zufälle im Leben, alles ist vorbestimmt.« Da ist wohl etwas dran!

Nun noch einmal zu meiner Zeit beim Zollamt. Solche Dienststellen gibt es leider heute nicht mehr. Aufgrund der Einführung des Europäischen Binnenmarktes ist die Dienstverrichtung an den Grenzen zu EU-Ländern nicht mehr nötig. Alle Grenzdienststellen wurden aufgelöst, den Grenzaufsichtsdienst gibt es nicht mehr.

Beim Zollamt verrichteten damals etwa dreizehn Beamte den täglichen Dienst. Wir waren praktisch eine Familie. Der kollegiale Zusammenhalt klappte, der Dienst machte Freude. Auch das Verhältnis zu den niederländischen Kollegen und Kolleginnen, die in unserem Amt mit untergebracht waren, gestaltete sich enorm gut. Selbst außerhalb des Dienstes gab es vielerlei Kontakte. Da die überwiegende Zahl der Beamten in unmittelbarer Nähe der Dienststelle ihren Wohnort und Lebensmittelpunkt hatte, konnte man sich sehr gut zu privaten Unternehmungen treffen. Das förderte den sozialen Zusammenhalt und die Zufriedenheit der Mitarbeiter. Schade, dass es heutzutage nur noch wenige Dienststellen gibt, bei denen es noch wie damals zugeht.

Aus der Zeit damals fällt mir ein Vorkommnis ein, das für sich spricht. In meiner Abordnungszeit, ich war damals der jüngste Beamte auf dem Amt, jährte sich der Tag, an dem Frau L. Geburtstag hatte. Frau L. war die Witwe eines vor vielen Jahren verstorbenen Kollegen, die in einer Dienstwohnung neben dem Zollamt lebte. Es war so Usus, dass an ihrem Geburtstag zwei Kollegen vormittags einen Gratulationsbesuch abstatteten. An dem Tag hatte ich Dienst in der Personenabfertigung und wurde gefragt, ob ich mit dem Kollegen aus der Güterabfertigung einen Blumengruß zu Frau L. hinüberbringen wolle. Kein Problem, für nette Gesten war ich immer zu haben. Mich wunderte nur, dass sich andere Kollegen nicht gerade um diesen Freundschaftsdienst gerissen hatten. Später konnte ich es nachvollziehen.

Um 11 Uhr, die gewöhnliche Drinkenstied, wie man auf Plattdeutsch sagt, klingelten Kollege G.

und ich bei Frau L. Die begrüßte uns stürmisch, sie wartete schon auf uns. In der guten Stube hatte sie bereits den Tisch mit allerlei Leckereien bestückt. Zunächst gab es einen Kaffee und ein Stück Kuchen. Eigentlich dachte ich, nun geht's wieder an die Arbeit. Aber nicht so bei Frau L. Wir wollten nicht unhöflich sein und schlugen den aufgetischten Schnaps nicht aus. Frau L. hatte uns nicht nur dumm und dusselig gequasselt, sondern in atemberaubender Geschwindigkeit Schnaps nachgeschenkt. Und dazu gab es, damit der Schnaps auch gut die Kehle runterläuft, Bier.

Mittags wurde zu den Getränken auch noch holländischer Matjes serviert. Was soll ich sagen, um 14 Uhr wurden wir von den Kollegen der Nachmittagsschicht abgeholt. Irgendjemand hat mich dann nach Hause gefahren. Ich war jenseits von Gut und Böse, nämlich hackevoll. Einen Tag später wusste ich, weshalb die anderen anwesenden Kollegen nur ungern zu Frau L. hinübergehen wollten. Denn einer derartigen Prozedur konnte niemand entgehen, es sei denn, er war absolut standfest. Aber wir wollten die alte Dame doch nicht vor den Kopf stoßen.

Ich glaube jedoch, das mit der Abfüllerei der gratulierenden Kollegen war eine späte Rache der Frau. Ihr Göttergatte, der auf dem Zollamt viele Jahre Dienst verrichtet hatte, war laut Erzählung älterer Kollegen kein Kostverächter in

Bezug auf Alkohol. Immer wenn es die Möglichkeit gab, sich denn volllaufen zu lassen, kannte der L. keine Grenzen. Die Kollegen, die ihn dann nach Hause bringen durften, hatten Angst vor der Rache der Ehefrau. Sie war nämlich recht ungehalten, wenn die versoffene Zöllnerbande ihren lieben Ehemann sturzbesoffen nach Hause brachte. Schuld hatten natürlich die Kollegen, die ihren Mann so dermaßen abgefüllt vor der Haustür abgeliefert hatten. Pfiffige Kollegen hatten Hänschen, der seine Muttersprache verloren hatte und das Gleichgewicht ebenfalls, ganz geschickt vor der Wohnungstür platziert, die Haustürklingel betätigt und sich schnell vom Acker gemacht. Frau L. öffnete die Tür, und der Göttergatte lag ihr praktisch vor den Füßen.

Der ganz normale Dienstalltag auf dem Zollamt verlief durchweg unspektakulär. Es gab keine größeren Schmuggelfälle, keine nennenswerten Rauschgiftaufgriffe, und auch sonst lief es wie am Schnürchen. In der Personenabfertigung wurde Wert darauf gelegt, dass die Zollschranken nach jeder Abfertigung geschlossen zu sein hatten, damit jeder Zollbeteiligte kontrolliert werden konnte. Diese Anweisung wurde natürlich oft missachtet. Manche Leute nahmen das als Einladung an, ohne anzuhalten einfach durchzufahren. Es waren meist die Leute, die täglich von D nach NL pendelten und umgekehrt. Dazu gehörte auch Herr R. Er fuhr mehrmals täglich nach NL und zurück mit seinem S-Klasse Benz. Und jedes Mal hatte er den Telefonhörer seines für damalige Verhältnisse noch ungewöhnlichen Autotelefons am Ohr. Schließlich war er ein vielbeschäftigter Gewerbetreibender, der seiner Meinung nach bei uns »Narrenfreiheit« genoss. Er wurde mehrfach von uns Bediensteten zurechtgewiesen. Über Herrn R. später mehr.

Einen sehr merkwürdigen Zollbeteiligten hatten wir in regelmäßigen Abständen »abzufertigen«. Ich hatte Spätdienst an der Schranke. Gegen etwa 20 Uhr kam aus NL ein älterer Radfahrer Richtung Deutschland geradelt. Ich wollte warten, bis er anhielt, um ihn dann bei geöffneter Schranke durchzuwinken. Zufällig war ein Kollege aus der Güterabfertigung anwesend, weil er sich in den Feierabend verabschieden wollte. Er sah den Mann auf seiner Fietse (niederländisch für Fahrrad) ankommen und rief nur: »Mach schnell die Schranke auf, sonst gibt es ein Malheur!« Ich verstand nur Bahnhof und reagierte nicht schnell genug. Der Opa konnte sein Rad noch kurz vor der geschlossenen Schranke abbremsen, drehte eine filmreife Pirouette und legte sich auf dem Amtsplatz nieder. Der Kollege sagte: »Wenn der alte Hildebrand kommt, dann muss die Schranke ganz geöffnet sein. Der ist nach seinem Hollandbesuch immer sternhagelvoll. Wenn er auf dem Rad sitzt und fährt, kommt er immer zu Hause an. Wenn er allerdings wie jetzt zu Fall kommt, kriegst du ihn nicht mehr auf den Sattel.« Hilfsbereit, wie ein Zöllner einmal ist, packte der Kollege die Fietse in den Kofferraum seines Autos und brachte ihn nach Hause. So etwas ist doch gelebte Nächstenliebe, oder?

Die schöne Zeit beim Zollamt war leider Anfang September 1976 für mich vorbei. Es ging wieder raus in den Grenzaufsichtsdienst. Der Wechsel von Früh-, Spät-, Nacht- und Wochenenddienst hatte mich zurück. Die vier Monate bis zum Wehrdienst hatte ich locker »abgesessen« bzw. »abgeradelt«. Wie in jedem Jahr gab es in den letzten Monaten des Jahres die üblichen Sparmaßnahmen, weil angeblich die Gelder aus dem Haushalt für die Unterhaltung der Dienstfahrzeuge knapp wurden. Jede Streife wurde angewiesen, nur eine bestimmte Kilometeranzahl während einer Streife zurückzulegen. Und das waren meistens nicht viel. Anfangs hatten wir uns mit einigen Tricks über die Begrenzung hinweggesetzt. Eine Methode war, zwischendurch die Tachowelle des Bullis abzuschrauben. Dann hatte die Streife etliche Kilometer gratis.

Leider kannte ich den Trick noch nicht, aber ich wusste mir zu helfen. Es war im Nachtdienst, eine Tour zu zweit im Dienstbulli, von 22:00

Uhr bis 04:00 Uhr morgens. Der erste Auftrag im Dienstbuch lautete: Postierung beim Zollamt von 0:00 Uhr bis 1:00 Uhr. Wir begaben uns gemächlich nach Dienstbeginn Richtung Grenze und patrouillierten so vor uns hin. Am Zollamt angelangt, stellte ich fest, dass ich meine Nachtverpflegung (Butterstullen und eine Thermoskanne mit Kaffee) auf dem Küchentisch stehen gelassen hatte. Was macht man nun, wenn es weit und breit nichts gibt, wo man sich versorgen hätte können? Schließlich wurden dort in der Gegend schon recht früh die Bürgersteige hochgeklappt, und es herrschte tiefe Nachtruhe. Wenn dann um 24:00 Uhr auch noch das Zollamt schloss, versank die ganze Gegend in einen komatösen Tiefschlaf. Um das Kilometerlimit nicht zu überschreiten, sind wir kurzerhand mit dem Bulli die neun Kilometer bis zu meiner damaligen Dienstwohnung rückwärtsgefahren und anschließend wieder im Vorwärtsgang zur Postierung. So kam ich zu meiner Verpflegung, und die Zeit hatten wir auch gut überbrückt. Nur am anderen Tag hatte ich ungewöhnliche Nackenschmerzen.

Irgendwann kam uns das Kommissariat auf die Schliche mit den Tricks, die wir uns ausgedacht hatten. Erstaunlicherweise wurde festgestellt, dass die Bullis einen immensen Mehrverbrauch an Treibstoff aufwiesen. Und das bei einer geringeren Fahrleistung. Gespart wurde also nicht. Deshalb bekam jede Grenzaufsichtsstelle von da ab monatlich ein bestimmtes Budget zur Verfügung. Wenn das verbraucht war, blieb der Bulli stehen und der Drahtesel musste aktiviert werden.

Zum Ende des Jahres 1976 wurde es ernst für mich. Der Einberufungsbescheid des Kreiswehrersatzamtes wurde mir zugestellt. Die möbliert gemietete Butze musste aufgeräumt verlassen werden, der Abschied von Kollegen und natürlich der Freundin zog sich hin bis zur letzten Minute. Etwas wehmütig verließ ich Emlichheim und trat den Heimweg zu meinen Eltern im Osnabrücker Land an. Dort packte ich meine Siebensachen und setzte mich am 3. Januar 1977 mit meinem Golf in Richtung Celle-Wietzenbruch in Bewegung.

Meine Bundeswehrzeit

Pünktlich trat ich den Dienst bei der Feldjägerausbildungskompanie 740 in der Immelmann-Kaserne an. Es tat sich ein völlig unbekannter Kosmos vor mir auf. Die Bundeswehr kannte ich bis dahin nur aus der Ferne. Meistens störten die olivgrünen Fahrzeugkolonnen während der Manöverzeiten auf den Straßen. Groß befasst hatte ich mich bis dahin nicht mit dem Militär.

Schon allein der erste Eindruck in der Kaserne ließ nichts Gutes erwarten. Ich betrat das Kompaniegebäude und stellte mich bei der Anmeldung einem diensthabenden Unteroffizier vor mit den Worten: »Guten Tag, Kaiser mein Name, ich soll hier für einige Zeit wohnen.« Das war schon der falsche Anfang. Der Uffz (an Abkürzungen muss man sich beim Bund vom ersten Tag an gewöhnen) teilte mir mit leicht aggressivem Unterton in der Stimme mit, dass ich ab sofort mit Vornamen Schütze hieße und ich dort nicht wohnen werde, sondern eine Stube zugewiesen bekäme. Außerdem solle ich gerade stehen und mich nicht am Tresen rumlümmeln.

Das fängt ja gut an, dachte ich. Es sollte jedoch noch unangenehmer werden.

Als Rekrut fängt man beim Bund für gewöhnlich ganz weit unten an. Als Allererstes wird einem mitgeteilt, dass man eigentlich nichts weiß, nichts kann und nichts draufhat. Aber dank der hervorragenden Ausbilder werde sich das innerhalb kürzester Zeit ändern.

Schon die Einkleidung war eine Show. Alle Rekruten bekamen olivgrüne Maßanzüge. Eigentlich sahen danach alle Soldaten gleich aus. Bis auf die Schulterklappen, die jeden Soldaten in einen Rang einteilen. Der Schütze, auch Rotarsch genannt, war vollkommen nackt auf den Schultern. Sprich, er hatte sich noch keinen Dienstgrad »erwirtschaftet«.

Von Anfang an war der Schütze vollkommen den Ausbildern ausgeliefert. Nach einem strengen Ritual begann jeder Tag gleich. 6:30 Uhr Wecken: Der Unteroffizier vom Dienst kam zu jedem ans Bett, fragte, wie man geschlafen habe und ob man ein weiches oder ein hartes Ei zum Frühstück wünsche. Na ja, ganz so war es nicht, sondern:

Der UvD stand im Flur vor den Stuben, schrie aus Leibeskräften: »Kommaniee aufsteeeen.« Danach sprang jeder wie vom Blitz getroffen aus dem Doppelstockbett. Zum Ankleiden und für die Morgentoilette war nicht sehr viel Zeit

angesetzt. Danach Antreten vor dem Kompaniegebäude. Erster Anschiss vom Uffz, weil man
nicht in ordentlicher Marschordnung stand. Der
Mangel wurde beseitigt, und wir Neuen wurden
ins Mannschaftsheim zum Frühstück »geleitet«.
Den Rückweg durften wir tatsächlich ohne Aufsicht zurücklegen.

Es war schon eine riesige Umstellung von
einem Leben in »Freiheit«, einem Beruf, der
Spaß machte, und wo man nicht angeschrien
wurde. Nun hielt man uns von früh bis spät an
der kurzen Leine. Der Tag war streng struktu-
riert, und wir Rekruten standen nahezu 24 Stunden am Tag unter Beobachtung. Und das sollte
ich fünfzehn Monate aushalten? Am liebsten
wäre ich zum nächsten Wochenende schon wieder ausgezogen aus meiner Acht-Mann-Stube.
Aber leider dauerte die Kündigungsfrist für Rekruten fünfzehn Monate.

Der Mensch ist bekanntlich ein Gewohn-
heitstier. Und so hatte ich mich im Laufe der
Zeit an die neuen Lebensumstände gewöhnt.
Freundschaften wurden geknüpft, und bei einigen Übungen hatten wir sogar Freude an der
Ausbildung. Was einen Rekruten allerdings am
Leben hält, sind die Wochenenden. Die sind
heilig und dienen der Regeneration. Schließlich
wartet die Freundin oder der Freund, mit denen
man am Samstag durch die Gegend zieht. Und

das wissen auch die Ausbilder zu gut, schließlich waren sie auch einmal Rekruten. Wenn jemand in der Woche nicht spurte, durfte er am Wochenende Sonderdienst leisten. Das war dann die Höchststrafe. Wer einmal ein Wochenende in einer Kaserne verbracht hat, weiß, wie man zu Depressionen kommt. Freitags gab es stets am frühen Nachmittag den berüchtigten Stubenappell. Nachdem die Kameraden (so werden alle in Olivgrün Herumlaufenden bezeichnet) ihre Unterkunft keimfrei gereinigt hatten, kam der Stubendurchgang durch die Ausbilder. Es wurde aber so gut wie alles auf den Kopf gestellt und nachgeschaut, ob nicht doch noch das eine oder andere Staubkörnchen in irgendeiner Ritze des Spindes zu finden war.

Bettenbau (die Betten wurden nicht einfach nur gemacht): keine Falte in der Decke.

Spind: Hängt der Kampfanzug sauber auf dem Bügel? Sind die Oberhemden akkurat gefaltet? Ist das Kochgeschirr keimfrei sauber?

Wenn alles zur Zufriedenheit des Ausbilders abgelaufen war und er beim besten Willen nichts Auffälliges gefunden hatte, kam er auf merkwürdige Ideen: Er zog sich einen weißen Handschuh an, hielt die Hand vor das Schlüsselloch der Stubentür und blies von der anderen Seite dagegen. Dann sah er sich den Handschuh an und stellte meistens fest, dass sich dort Staub angesiedelt hatte. Wie kann ein Soldat nur ins Wochenende fahren, ohne das Schlüsselloch der Stubentür zu reinigen? So etwas geht doch nun wirklich nicht.

Oder eine andere Marotte: Der Ausbilder sah sich den Stubentisch in der Mitte des Raumes an und fragte, wer von den Anwesenden auf dem Tisch gestanden hätte. Natürlich niemand. Das konnte jeder bezeugen. »Dann hat auch keiner von euch die Deckenlampe geputzt«, maulte er rum. Und so konnten die Ausbilder wunderbar ihre Macht über uns kleine Würstchen ausspielen.

Ich könnte noch zig Beispiele für den täglichen Wahnsinn bei der Bundeswehr anführen. Aber das würde ein eigenes Buch füllen. Die Wochenenden wiederholten sich in der Regel. Am Freitagnachmittag begann wie üblich die sogenannte Nato-Rallye. Die Soldaten zischten in teilweise halsbrecherischer Manier mit ihren Autos gen Heimat. Es sei denn, die Bahn wurde bevorzugt. Dann ging es etwas moderater zu. Die Wochenenden wurden bis zum Schluss ausgereizt, und meist wenig erholt fanden die Soldaten sich am Sonntag bis spätestens 22:00 Uhr wieder in der Kaserne ein.

Am Montag wurden alle Schäfchen vom Kompaniefeldwebel, dem Spieß, durchgezählt, ob am Wochenende alle den Weg zurück in den sicheren Hort der Kaserne geschafft hatten. Danach wurden die Dienstpläne bekanntgegeben, und jeder Rekrut konnte sich ausmalen, wie oft man in der Woche irgendwo bei der Außenausbildung im Dreck lag. Ein halbes Jahr lang wurden wir Rekruten zu richtigen Soldaten erzogen. Den Soldatenslang hatten wir ziemlich schnell drauf. In diesem Mikrokosmos ist alles anders als im richtigen Leben. Eine damals noch reine Männergesellschaft liebt es etwas robust in der Aussprache, wenn ich das einmal so erwähnen darf. Die Ausbilder schreien gerne rum, und die Rekruten erzählen gerne derbe und schmutzige Witze. Um es kurz zu sagen: Für zartbesaitete »Muttersöhnchen« ist die Bw nichts.

In dem halben Jahr der Grundausbildung wurden uns sehr sinnvolle Dinge beigebracht, die auch im zivilen Leben von großem Nutzen sind. Beispielsweise das Zerlegen und Zusammenbauen eines G3-Gewehres unter Zuhilfenahme eines Stiefelbeutels, den man sich über den Kopf gezogen hatte. Auch die Bedienung von Waffen war von großem Nutzen. Die Pistole P1 war etwas für den täglichen Gebrauch so zwischendurch. Wenn es etwas mehr sein durfte, griff man halt zum Maschinengewehr oder zur leichten Panzerfaust. Das war doch etwas für den richtigen Mann. Der Nachteil bei den ganzen Schießübungen zeigte sich hinterher in elendig langen

Stunden des Waffenreinigens. Das Ganze fand natürlich auf den Stuben der Soldaten statt. Den Geruch von Ballistol-Öl habe ich noch heute in der Nase.

Ein Highlight zwischendurch kam mir zugute. Eines Morgens, beim üblichen Antreten, wurde ich vom Kompaniechef vor die Front gebeten, und dann wurde mir feierlich die Urkunde meiner Zolldienststelle übergeben, in der stand, dass ich mit Wirkung vom 1. April 1977 zum Zollassistenten befördert worden war. Die zwei Jahre Probezeit waren also beendet. Das Kürzel z.A. (zur Anstellung) fiel weg. Das war dann etwa so wie eine Verlobung. Die Zeit des Kennenlernens endete nun. Bis zur Hochzeit sollte es noch einige Jahre dauern.

Das halbe Jahr der Ausbildung ging im Juni 1976 zu Ende. Wir Rekruten wurden zu Gefreiten befördert. Endlich hatten wir auch etwas auf den Schultern. Die Zeit der »Rotärsche« war nun vorüber. Zur weiteren Ausbildung bekam jeder Gefreite den Befehl, sich bei einem zugeteilten Feldjägerdienstkommando zum Dienst zu melden. Mein Dienstort war ab sofort das Feldjägerdienstkommando in Lingen/Ems. Hurra, endlich heimatnah. Nach Hause waren es nur achtzig Kilometer, zu meiner Freundin nur vierzig Kilometer. So kann es weitergehen. Doch die Freude über den neuen Dienstort währte nicht lange. Anfang September durfte ich mich auf den Weg machen nach Sonthofen im Allgäu. Dort in der Fachakademie für Wirtschaft des Heeres, kurz Feldjägerschule genannt, wurden wir zu echten Feldjägern ausgebildet. Anfangs wollte dort niemand hin wegen der großen Entfernung. Es stellte sich jedoch heraus, dass die drei Monate dort die mit Abstand beste Zeit beim Bund waren.

Politisch war in der Bundesrepublik damals der Teufel los. Am 5. September wurde der Arbeitgeberpräsident Hanns Martin Schleyer von RAF-Terroristen entführt und später ermordet. Das betraf die Bundeswehr nicht, jedoch in einem besonderen Maße den Zoll und andere Grenzsicherungsorgane. Die Streifentätigkeiten wurden drastisch erhöht. Plötzlich gab es auch keine Sparmaßnahmen mehr. Es wurden Verstärkungskräfte auf die einzelnen Grenzdienststellen verteilt. Selbst neue Bullis wurden angeschafft. Sogar mit der großen Maschine mit zwei Litern Hubraum und 90 PS. Und von einer Kilometerbeschränkung war keine Rede mehr. An der Grenze war der Bär los. Überall wurden Terroristen vermutet. Doch in die Niedergrafschaft hatte es kein RAF-Mitglied verschlagen.

Meine Bundeswehrzeit hatte das alles nicht tangiert. Ich wurde anständig zu einem vollwertigen Feldjäger ausgebildet. Der Hörsaal, in

dem wir unterrichtet wurden, beherbergte für
drei Monate Soldaten aus der ganzen Republik.
Einige kamen aus Norddeutschland, einige aus
dem Ruhrgebiet; Hessen, Saarbrücken und der
Süden waren auch vertreten. Interessant war ein
Zweiertisch, an dem ein Kamerad aus dem tiefs-
ten Ostfriesland saß neben einem Kameraden
aus der Nähe von München. Wenn die beiden in
ihrem jeweiligen Dialekt eine Unterhaltung begannen, konnte keiner den anderen verstehen.

Aus Sonthofen kam ich mit stolzgeschwellter
Brust und neuen Schulterklappen nach bestandener Prüfung als »Gefreiter (Unter-
offiziersanwärter) mit bestandenem Lehrgang«
zum Dienstkommando Lingen zurück. So allmählich fühlte ich mich wohl in der Familie der
»Weißmützen«. Lange dauerte es nicht, da stand
die Beförderung zum Unteroffizier an. Und ab
Anfang Januar war ich am Ziel. Endlich ein vollwertiger Feldjäger.

Die drei Monate bis zum Ende der Dienstzeit
(wie schnell können doch fünfzehn Monate vergehen) verrichtete ich echten Feldjägerdienst.
Da war Action angesagt. Während der restlichen
Dienstzeit wurde unter anderem über einige
Wochen ein großangelegtes NATO-Manöver
durchgeführt. Wir Feldjäger waren zuständig
für die Absicherung von Truppenbewegungen
und die Verkehrsregelung. Schlaf bekam man

während der Zeit kaum und war ständig unterwegs. Das Schlimmste waren die Streifenwagen der Feldjäger. Die VW 181, im Bw-Jargon Pkw 0,4-Tonner, waren das »Wohnzimmer« während des Manövers. Ich hatte diese Missgeburt von Fahrzeug gehasst. Es war kein Pkw und kein Geländefahrzeug. Dazu laut ohne Ende, lahm wie eine Ente und extrem klapprig. Schlichtweg eine Zumutung. Furchteinflößend war es schon ein wenig, wenn man eine große Straßenkreuzung absichern, den zivilen Verkehr stoppen und schweren Marschverbänden den richtigen Weg weisen musste. In Erinnerung geblieben ist mir noch ein Einsatz, bei dem ein Leopard-Panzer mir auf einer Kreuzung beinahe über die Füße gefahren war.

Ich könnte noch einiges über die Zeit beim »Bund« niederschreiben, doch dann kämen viele andere bewegende Momente in meiner Dienstzeit zu kurz. Die Bundeswehr hatte mich allerdings dermaßen mit ihrer ganzen Liebe umfasst, dass ich bis zu meinem vierzigsten Lebensjahr turnusmäßig Einladungen zu Wehrübungen erhielt. Eine steile Karriere bis zum Oberfeldwebel hatte ich beim endgültigen Ausscheiden hinter mir.

Die Rückkehr

Kurz vor Ostern 1978 war es so weit. Die Entlassung nach fünfzehn Monaten Grundwehrdienst stand an. Mein gelber Golf I hatte die Bw-Zeit recht gut überstanden. Da ich ab April 1978 meinen regulären Dienst beim Zoll wieder aufnehmen würde und ein richtiges Gehalt auf mein ausgebranntes Konto wanderte, hatte ich ein anderes Auto ins Auge gefasst. Schon einige Wochen vorher fiel mir in unserem Ort ein quietschgelber VW Scirocco bei einem Händler auf. Den Wagen hatte ich kurz entschlossen gekauft und freute mich auf die erste Fahrt nach der Zeit beim Bund zu meiner Freundin. Das Auto war wie für mich gemacht. Tolles Aussehen, mit 85 PS recht flink und ausgestattet mit einer grandiosen Straßenlage. Am Karfreitag freute ich mich auf die Fahrt über die Dörfer Richtung Grafschaft Bentheim, knapp 120 Kilometer hatte ich in sportlicher Manier abgespult. Zehn Kilometer vor dem Ziel war die Reise unvorhergesehenermaßen beendet. Mir kam in einer langgezogenen Linkskurve ein Opel Kadett auf meiner Straßenseite entgegen, der ein anderes Fahrzeug überholte. Der Fahrer hatte sich verschätzt. Plötzlich kam ich ihm in die Quere. Na ja, ganz langsam fuhr ich auch gerade nicht. So ca. 140 km/h zeigte der Tacho. Um einen Frontalzusammenstoß zu vermeiden, lenkte ich das Auto ziemlich weit an den rechten Straßenrand, gerade so an einigen Leitpfosten vorbei. Jedoch konnte ich den Scirocco nicht in der Spur halten. Der Wagen brach hinten aus, beim Gegenlenken drehte er sich um die eigene Achse, und ab ging es über den Radweg hinweg in einen Graben und danach mit mehreren Salti auf einen Acker. Auf dem Dach liegend, das sich in den Acker gebohrt hatte, blieb mir nur der Weg durch die Heckklappe ans Tageslicht. Das war es dann mit der sportlichen Note im Straßenverkehr. Die Kiste war dermaßen beschädigt, dass es kein einziges Teil gab, welches nicht beschädigt war. Ich hatte Gott sei Dank einen Schutzengel. Bis auf eine Beule am Kopf war ich unversehrt geblieben.

Anfang April wurde ich nach der langen Bw-Zeit wieder freundlich bei meinen Kollegen im Grenzaufsichtsdienst empfangen. Die RAF-Terrorzeit war noch nicht zu Ende. Spektakuläre Vorfälle hatte es jedoch in der Grafschaft Bentheim nicht gegeben. Das hätte ich den Behörden auch vorher sagen können. Welcher Terrorist verirrt sich schon nach Emlichheim, um eine

Bombe zu zünden oder den Bürgermeister zu entführen? Der gewohnte dienstliche Trott hatte sich schnell wieder eingestellt. Die zwischenzeitlich freie Planstelle am Zollamt, auf die ich mich noch während der Bundeswehrzeit beworben hatte, war natürlich schon mit jemand anderem besetzt. Mein Freund Hartmut hatte sie in einer Ausschreibung ergattert. Na schön, ich bin nicht nachtragend.

Ein weiterer Meilenstein in meinem Leben war der 9. Mai 1980. Die Eheschließung mit Angelika, die ich auch durch die lange Bundeswehrzeit nicht verloren hatte, war das Beste, was mir in meinem Leben geschehen konnte. Nach mittlerweile 42 stürmischen Ehejahren kann ich das resümieren.

Grenzaufsichtsdienst hatte ich noch bis Anfang 1982 verrichtet. Dann war mir das Glück hold, denn ich bekam eine Planstelle beim Zollamt Eschebrügge. Zwischenzeitlich kündigte sich bei uns im Frühjahr 1982 Nachwuchs an. Ende Dezember zog Christine bei uns ein und krempelte unser gesamtes Leben um. Unser Labradorrüde Jonas und der Nymphensittich Rudi freuten sich mit uns.

Zum 29. November 1983 erhielt ich die wichtigste Urkunde eines Beamten, nämlich die Anstellung auf Lebenszeit. Das war wie eine Hochzeit mit der Zollverwaltung. Nun war ich ein vollwertiger Bundesbeamter, und wenn ich nicht gerade die sprichwörtlichen »Goldenen Löffel« stehlen würde, hätte ich eine Staatsalimentation bis zum Lebensende. Das Gehalt stieg deswegen allerdings nicht, aber wir kamen auch so über die Runden. Schließlich gab es für das erste Kind einen Familienzuschlag und 50,– DM Kindergeld.

Säuglinge sind in der Regel sehr niedlich, ein Wunder der Natur eben. Aber nur, wenn sie satt und gewickelt sind und zu den für Erwachsene üblichen Zeiten schlafen. Wie bringt man einem so kleinen Wesen bei, Rücksicht zu nehmen, wenn der Vater morgens um sechs nach dem Nachtdienst schlafen möchte? Was mich damals so gestört hat, war die Tatsache, dass bei Säuglingen ständig nachts die Zähne wachsen. Und das gerne, wenn Papa morgens um 5 Uhr aus dem Bett muss. Mit der Ruhe war es bei uns vorbei. Egal, der Mensch wächst an seinen Aufgaben.

Wir hatten ein wunderschönes Leben. Zu unserem Glück gesellte sich im Mai 1984 Stefanie. »In einer derart kurzen Zeit nach Christine schon wieder ein Kind? Warum denn so früh?«, fragte meine Schwiegermutter. »Ihr seid doch mit der Kleinen schon ganz schön ausgelastet.« Nun denn, wenn man der Meinung ist, dass eine Frau nicht schwanger werden kann, wenn

47

sie stillt, kann doch schon einmal ein Kind gezeugt werden. Wir waren nun etwas schlauer geworden, was die Familienplanung betraf. »Jetzt passt ihr aber besser auf«, mahnte die Schwiegermutter.

Die Versetzung

Der gröbste Fehler, den ich in all den Jahren meiner Freundschaft mit Angelika gemacht hatte, war die nicht eindeutig private oder dienstliche Ausrichtung meiner Planungen. Ich wollte auf jeden Fall »irgendwann« wieder in meine geliebte Heimat, das Osnabrücker Land, zurückkehren. Eine Versetzung zum Hauptzollamt Osnabrück konnte zwar mangels freier Stellen etliche Jahre dauern, war jedoch nicht unmöglich. Den Gedanken hatte ich gelegentlich im familiären Rahmen geäußert, doch so richtig Glauben schenkte mir niemand. Das gefestigte soziale wie dienstliche Umfeld in der Grafschaft Bentheim ließ den Schluss zu: Der bleibt für immer in der Grafschaft. Angelika hatte den Wunsch, meinen Arbeitsplatz zu wechseln, nie ernst genommen. Für sie stand fest, dass wir Emlichheim nie verlassen würden, schon gar nicht in die Nähe der Schwiegereltern ziehen wollten. Diese Frage beschäftigte uns viele Jahre.

Im September 1984 erfuhr ich über eine Stellenausschreibung von einem freien Dienstposten beim Hauptzollamt Osnabrück in der

Zollabfertigung. Vier Wochen Frist hatte ich, um mich auf die Stelle zu bewerben. Der Gedanke an eine Versetzung trieb mich um. Ein Kollege, der vor mir nach Osnabrück versetzt worden war, hatte sich zwei Jahre lang auf jede freie Stelle beworben und reihenweise Absagen bekommen, bis es endlich klappte. Auf eine ähnliche Wartezeit hatte ich mich ebenfalls eingestellt. Einen Tag vor Ende der Ausschreibungsfrist reichte ich die Bewerbungsunterlagen bei der Dienststelle ein. Angelika teilte ich anschließend mit, dass ich eine Probebewerbung für einen Osnabrücker Dienstposten abgegeben hätte. »Geh doch, ich bleibe sowieso hier« war ihr Kommentar.

Vier Wochen später, an meinem Geburtstag, wurde mir während der Frühschicht beim Zollamt telefonisch aus Hannover eröffnet, dass ich mich am 3. Januar bei meiner neuen Dienststelle in Osnabrück zu melden habe. »Herzlichen Glückwunsch« kam vom Vorsitzenden des Bezirkspersonalrates der Oberfinanzdirektion durch das Telefon. »Ach du dickes Ei, wie kriege ich das nur zu Hause auf die Reihe?« Ein unschönes Gedankenkarussell setzte bei mir ein.

Sehr dunkle Wolken zogen an dem Tag über unserem trauten Heim auf. Wenn Angelika böse wird, kann es schon einmal vorkommen, dass es etwas lauter, nein, sehr viel lauter wird. In diesem Fall war es jedoch nicht so. Sie war ganz leise und abgeklärt und betonte nur, wie schon zuvor, dass sie auf keinen Fall mitkommen werde. Ich solle mich, wenn mir unsere Familie am Herzen läge, auf eine Wochenendehe einstellen und pendeln zwischen Dienstort in Osnabrück und Wohnort Emlichheim. Die andere Alterative wäre, den Versetzungsantrag zurückzuziehen. Das kam für mich nicht in Frage, da ich sämtliche Möglichkeiten der Versetzung zu einem späteren Zeitpunkt verspielen würde. Nur die wenigsten aus unserem Bekannten- und Verwandtenkreis konnten meine Entscheidung gutheißen. Außer meine Eltern, die sich freuten auf ihre Enkelkinder in der Nähe.

Im Januar begab ich mich zum Dienstantritt zu meiner neuen Dienststelle. Zwischenzeitlich hatte sich bezüglich des Dienstpostens eine »kleine Änderung« ergeben. Es gab einen Ringtausch in der Stellenbesetzung. Ein Kollege, der bis dahin Vollziehungsbeamter war, wollte aus der Tätigkeit heraus. Der Stress hatte ihm zu sehr zugesetzt, und er hatte Angst um seine psychische Gesundheit. Der Vorsteher des Hauptzollamtes eröffnete ihm die Alternative, dass er jederzeit einen für ihn geeigneteren Dienstposten bekomme könne, wenn er einen Tauschpartner fände. Ich war der Auserkorene. Kurz vor Dienstantritt in Osnabrück kam eine Anfrage, ob ich eventuell auch bereit wäre, statt in die Zollabfertigung in die Vollstreckungsstelle zu wechseln. Ohne mich genau zu erkundigen, auf was ich mich damit einließ, hatte ich sofort zugestimmt. Schließlich ging es mir darum, einen Dienstposten in Osnabrück zu ergattern.

Die Zwangsvollstreckung

Plötzlich und unerwartet stand ich vor einer mir völlig neuen Aufgabe. Von Zwangsvoll-streckungen durch die Zollverwaltung hatte ich bis dato noch nie etwas gehört. Von dem Zeit-punkt an war ich nun Vollziehungsbeamter. Mir wurde sozusagen im Schnelldurchlauf erklärt, dass ich so etwas Ähnliches ausüben würde wie ein Gerichtsvollzieher, nur eben für eine andere Behörde. Auch damit konnte ich nicht viel anfangen. Nach einer gründlichen Vorstellungsrunde im Dienstgebäude des Hauptzollamtes, übrigens eine wunderschöne barocke unter Denkmalschutz stehende Villa, in der Schloßstraße 23 in Osnabrück, wurde mir ein Büro zugewiesen. Mit 28 Jahren war ich damals mit Abstand der jüngste Beamte dort im Gebäude. Ich hatte den Eindruck, dass nicht nur die Villa unter Denkmalschutz stand, sondern einige ältere Kollegen auch. Durch mich wurde der Altersdurchschnitt erheblich nach unten gedrückt.

Dass die Übernahme des Dienstpostens als Vollziehungsbeamter für mich wie ein Sechser im Lotto war, konnte ich da noch nicht erahnen. »Es gibt keine Zufälle im Leben, es ist alles vorbestimmt.« Ich hatte den Spruch von einem Freund schon anfangs zitiert. Sehr skeptisch und unter Vorbehalten ließ ich mich von meinem Vorgänger in die Materie der Geldeintreibung einarbeiten. Dass ich diese Tätigkeit exakt 37 Jahre bis zu meiner Pensionierung ausüben würde, konnte ich damals nicht im Geringsten erahnen.

Der Pendelei zwischen Osnabrück und Emlichheim wurde ich schnell überdrüssig. Schließlich spulte ich im Dienst schon viele Kilometer mit dem Polo ab. Eines Tages im Frühling, ich hatte mich schon an die neue Lebenssituation gewöhnt, kam Angelika auf mich zu und teilte mir mit, dass sie die derzeitigen Umstände nicht länger ertragen würde. Hurra, sie folgt mir nach Osnabrück. »Wie kommst du denn plötzlich zu der Erkenntnis?«, fragte ich. »Allein mit drei Kindern ist es mir in der Woche zu viel«, sagte sie, »dann gehe ich bald auf dem Zahnfleisch.« »Wieso drei??? Wir haben doch nur zwei Kinder. Die sind zwar anstrengend wie drei, aber zählen kannst du doch noch, oder?« Ich sah in ihr Gesicht und dachte: »Nein, nicht schon wieder!!!« Doch!!!! Anfang Dezember sollte Kind Nummer drei das Licht der Welt erblicken. Drei Kinder in drei Jahren, das war Angelika ohne meinen täglichen Beistand doch ein wenig zu viel. Im Juli 1985 zogen wir mit Sack und Pack ins Osnabrücker Land.

Der Vollziehungsbeamte

Um es im Beamtendeutsch zu erläutern, umschreibe ich meine neue Tätigkeit wie folgt:

Der Vollziehungsbeamte ist zuständig für die Beitreibung von Geldforderungen für die Hauptzollämter und andere bundesunmittelbare Körperschaften. Er führt die Vollstreckungsaufträge im Rahmen seiner dienstlichen Vorschriften in dem ihm zugewiesenen Vollstreckungsbezirk durch. Alles klar? Natürlich!

Die Einarbeitung in die Vorschriften lief so nebenbei. Der Außendienst war eigentlich viel wichtiger zu erlernen. Mein Kollege, den ich ablösen durfte, nahm mich mit in den Bezirk. Ich ließ mir das Handwerk der Zwangsbeitreibung erklären. Dass der Kollege keine dauerhafte Beziehung zu dem Job bekommen hatte, er war etwa drei Jahre auf dem Dienstposten, konnte ich gut nachvollziehen. In seinem Leben vor der Zollverwaltung war er zwölf Jahre als Zeitsoldat bei der Bundeswehr gewesen. Den soldatischen Umgangston konnte er sich nur schwerlich ver-

kneifen. Vielfach trat er bei den Vollstreckungs-
schuldnern auf wie auf dem Kasernenhof. Zur
Zahlung seiner Schulden wurde der Schuldner
nicht aufgefordert, nein, das wurde ihm befohlen.
Dass er bei vielen Vollstreckungsschuldnern auf
Granit gebissen hatte und die Leute nicht be-
sonders kooperierten, war ihm nicht bewusst.
Empathie ist eben nicht jedermanns Sache.

Den Arbeitsstil wollte ich auf keinen Fall übernehmen. Es gibt zwar sehr viele Vorschriften
und Verhaltensmaßregeln für die Tätigkeit des
Vollziehungsbeamten. Jedoch das richtige Verhalten und ein gewisses Maß an Empathie lernt
man nur »auf der Straße«. So kam es, dass mir
mein Schreibtisch und alle nötigen Unterlagen
nach vierzehn Tagen der Einarbeitung übergeben wurden. Der Kollege, der ansonsten sehr
nett und kollegial war, verabschiedete sich mit
den Worten: »Gott sei Dank, den Mist bin ich
los.«

Einige Anmerkungen zum besseren Verständ-
nis, was die Durchführung von Vollstreckungsaufträgen betrifft, werde ich kurz umreißen. Alles
andere betrifft Vorfälle, Anekdoten, Chaotisches,
Menschliches, Verrücktes und Idiotisches, das
ich in meiner Zeit als VB (offizielle Abkürzung
für den Vollziehungsbeamten) erlebt hatte.

Anfang der achtziger Jahre wurde im Sozial-
gesetzbuch X, Paragraph 66, festgelegt, dass

die Zollverwaltung die Zwangsbeitreibung von Geldern für bundesunmittelbare Körperschaften übernimmt. Das stellte sich nun so dar, dass die örtlichen Vollstreckungsstellen vollstreckbare Forderungen von diversen zollfremden Institutionen als Amtshilfeersuchen erhielten. Zunächst ließen einige Ersatzkassen wie Deutsche Angestellten Krankenkasse, Techniker Krankenkasse, Kaufmännische Krankenkasse, Hamburgische Zimmererkrankenkasse und andere bei der Zollverwaltung ausstehende Beiträge einziehen. Dazu kamen die Bundesagentur für Arbeit, die Bundeswehr, das Bundesverwaltungsamt und natürlich die Zollverwaltung selbst mit eigenen Forderungen.

Unsere kleine Vollstreckungsstelle mit drei Kollegen des Innendienstes und zwei Vollziehungsbeamten für den Außendienst erledigte die erteilten Vollstreckungsersuchen der verschiedenen Gläubiger. Stadt und Landkreis teilten wir beiden Kollegen uns. Da es zu der Zeit weder Handys noch Computer gab, waren die Abläufe noch sehr viel langsamer als heute. Ausgestattet mit einer Aktentasche und Inhalt in folgender Form fuhren wir in die jeweiligen Bezirke: Schriftlicher Vollstreckungsauftrag, Quittungsblock, Dienstsiegel und eine gewisse Anzahl von Vordrucken. Die Erledigung der Aufträge hätte einfach sein können, war sie aber nicht. Einfach war: Schuldner aufsuchen, klingeln, warten, bis der Schuldner die Tür öffnet, Auftrag vorzeigen, Geld kassieren und ab die Post zum nächsten Schuldner. Dass das nicht die Regel war, werde ich erläutern.

Der Außendienst

Ständig allein auf der Pirsch und ohne Mobiltelefon und niemand weit und breit, der einem im Konfliktfall zur Seite stehen konnte. Da kamen mir schon die ersten Zweifel, ob das der richtige Job für mich sei. Aber ich hatte die Bundeswehr überstanden, dann würde ich hier doch nicht kneifen. Zuerst musste ich meinen Dienstbezirk erkunden, damit ich mich zurechtfinden würde. Danach kam der Test, wie ich mit meinen »Kunden« umzugehen hätte. Der Kommandoton meines Vorgängers lag mir nicht. Jeder hat eben seinen eigenen Stil. Ich versuchte es stets mit Respekt und Freundlichkeit, so wie ich es gelernt hatte. Ein absolutes No-Go sind Unsicherheit und Schüchternheit. Das merken die Schuldner und nutzen das in der Regel schamlos aus. Da wird schon mal der eine oder andere Einwand gegen die Rechtmäßigkeit der Forderung vorgebracht. Wenn man nicht standfest ist und auf die Durchführung der Zwangsvollstreckung pocht, hat man verloren und lässt sich so abwimmeln. Es war ein längerer Prozess, bis ich die nötige Sicherheit und das erforderliche

Durchsetzungsvermögen für mich erarbeitet hatte. Die Erledigung der Vollstreckungsaufträge ging mir nach und nach immer besser von der Hand. Im Folgenden werde ich einige Begebenheiten aus dem reichhaltigen Fundus meiner vielen Dienstjahre berichten.

Nachdem die Vollstreckungstätigkeit bei der Zollverwaltung so richtig Fahrt aufgenommen hatte und die Masse der Aufträge durch das vorhandene Personal nicht mehr aufzufangen war, wurden zwei neue Kollegen eingestellt, und der Innendienst wurde ebenfalls verstärkt. Leider war für uns das Büro im Hauptzollamt zu klein geworden. Vier VBs bekamen einen größeren Raum im Zollamt an der Natruper Straße. Dort trafen wir uns täglich zum Bürodienst und bereiteten uns mit den aktuellen Vollstreckungsaufträgen auf den Außendienst vor.

Ein interessanter Auftrag

Eines Tagen bekam Kollege Horst einen Vollstreckungsauftrag einer Krankenkasse gegen eine junge Frau in die Hände, der jedoch für mich bestimmt war, weil die Dame in meinem Bezirk wohnte. Er gab mir den Auftrag über den Schreibtisch mit den Worten: »Die Dame ist für dich. Der Name kommt mir allerdings bekannt vor. Ich hatte schon einige Male den Auftrag mit anderen Adressen. Ich glaube, die Frau ist eine vom horizontalen Gewerbe.« (Also eine Prostituierte) Die Erledigung des Auftrages versprach, interessant zu werden. Also zögerte ich nicht lange und suchte die Dame unter der gemeldeten Anschrift in ihrem Etablissement auf. Das Haus, in dem sie gemeldet war, hatte diverse Wohnungen auf mehreren Stockwerken. Die Suche nach der richtigen Wohnung gestaltete sich etwas schwierig, da es weder einen Briefkasten mit dem Namen der Schuldnerin gab noch ein Klingelschild . Plötzlich sprach mich ein älterer Herr an und fragte, ob er mir helfen könne. Bei der Frage nach meiner Schuldnerin grinste er nur und sagte: »Na, Gerichtsvollzieher? Da kommen Sie zu spät, die ist schon wieder weg.« Ich teilte ihm mit, dass ich vom Hauptzollamt käme, und fragte ihn, ob er eine aktuelle Anschrift von der Frau habe.« »Ich nenne Ihnen die Anschrift, aber das hamse nich von mir, klar?« »Ich bin verschwiegen wie mein Beichtvater«, entgegnete ich ihm. Unter dem Mantel der Verschwiegenheit bekam ich die aktuelle Anschrift. Zufällig befand sich die Wohnung auch in meinem Bezirk. Allerdings hatte die Dame sich noch nicht beim Einwohnermeldeamt umgemeldet. Und auch ihren richtigen Namen fand ich nicht an der Tür bzw. am Klingelschild angebracht. Da mir ihr ehemaliger Vermieter, dem sie noch einige Monatsmieten schuldig war, den Namen verraten hatte, unter dem die Dame ihre Tätigkeit aufgenommen hatte, konnte ich meine Suche beginnen. Er hörte sich irgendwie italienisch an.

Wenn ich mich nun in offizieller Mission mit Aktenkoffer und Beamtenblick dort vor der Tür postiere und sie nach dem Klingeln öffnet, wird sie mich eventuell abweisen mit dem Hinweis: »Die Person kenne ich nicht, wohnt hier nicht, müssen Sie woanders klingeln.« Da hilft nur eine List. Ich verstaute einige Vordrucke und den

Quittungsblock, den Dienstausweis sowieso, in meiner Jackentasche und machte mich auf den Weg zu ihr.

Es war so gegen 11 Uhr am Vormittag. Auf mein Klingeln wurde sofort geöffnet. Mir gegenüber stand eine Dame in Lack und Leder, die mich freundlich anlächelte und mir ein nettes »Hallo« entgegenhauchte. Die sieht mir nicht nach Hausfrau aus, dachte ich. Sie fragte mich: »Haben wir einen Termin?« »Nein«, entgegnete ich, »kann ich trotzdem reinkommen?« »Na klar, ich habe noch ein wenig Zeit.« Ich durfte auf einer bequemen Ledercouch neben ihr Platz nehmen. Sie schlug die langen schönen Beine übereinander und fragte mich lasziv: »Na, Schätzchen, wie hättest du es denn gerne?« Da war meine Stunde gekommen. Ich zog lässig meinen schriftlichen Vollstreckungsauftrag aus der Tasche, hielt ihn direkt vor ihr Gesicht und sagte mit deutlicher Stimme: »Am liebsten in bar.«

Nach einer Sekunde der Verstörtheit registrierte sie, dass sie verloren hatte. Sie machte keinerlei Anstalten, sich zu verleugnen. Erwischt ist eben erwischt. Nachdem die Fronten nun geklärt waren, kamen wir zum geschäftlichen Teil meines Besuches. Es stellte sich heraus, dass Frau H. wohl recht zahlungskräftige Kunden hatte, jedoch ihren Lebensstil den Einnahmen über einen längeren Zeitraum nicht angepasst hatte. Im Klartext heißt das, sie war pleite. Viele Hunde sind bekanntlich des Hasen Tod, aber sie versuchte, ihre Gläubiger durch häufigen Wechsel ihrer Wohnungen auf Abstand zu halten. Aufgrund meines freundlichen Auftretens hatte ich bei der Dame einen Sympathiebonus erworben. Wir handelten eine Zahlungsvereinbarung aus. 1.500,– DM waren fällig. Versprochen waren mir wöchentlich 150,– bis 200,– DM »cash Kralle«. Also Barzahlung an mich. Zahlungen per Banküberweisung waren nicht möglich. Ihr Konto bei der Sparkasse war schon vor längerer Zeit gepfändet worden.

Nun wollte ich gerne wissen, wie die Dame ihren Hausstand eingerichtet hatte, um eventuell pfändbare Gegenstände mittels Pfandsiegel, dem berühmten Kuckuck, zu sichern. Eigentlich besaß sie außer ihrer »Arbeitskleidung« und einigen »normalen« Klamotten nichts Eigenes. Das Etablissement, in dem sie ihrer Tätigkeit nachging, war von ihrer Vermieterin, einer sehr alten Dame, die im Erdgeschoss wohnte, gemietet. Neben dem gemütlichen Wohnzimmer befand sich ein interessanter Raum, nämlich eine sogenannte Folterkammer. An der Wand hingen diverse Folterinstrumente, wie Peitschen, Gummiknüppel, Knebel und Handschellen. Mitten im Raum stand ein lederbezogener Holzbock, ähnlich wie einer, der in Turnhallen für Bocksprünge verwendet wird. Ich stellte mir vor, wie Frau H als Domina verkleidet ihre Kundschaft nach Strich und Faden vermöbelt und dafür noch Geld kassiert. Das können doch nur Männer in Anspruch nehmen, die entweder in ihrer Kindheit zu viel Prügel bezogen haben oder zu wenig. Für mich wäre das jedenfalls nichts, stellte ich nüchtern fest.

Die Formalitäten waren jetzt geklärt. Die Ratenzahlung sollte sofort beginnen, das Geld wollte Frau H. mir wie vereinbart persönlich aushändigen. Die Vereinbarung klappte anfangs reibungslos. Jedoch im Laufe der Wochen fing Frau H. zu schludern an. Vereinbarte Termine wurden nicht eingehalten, oder die versprochene Ratenhöhe kam nicht rüber. Gelegentlich, meistens um die Mittagszeit, musste ich einige Zeit warten, bis sie das Geld für mich zusammenhatte. Ich durfte im Wohnzimmer bei einer Tasse Kaffee warten, bis sie einen ihrer Kunden zu Ende vermöbelt hatte. Danach kam sie, oft schweißnass, zu mir an den Tisch und gab mir das soeben verdiente Geld. Die Durchführung dieses Vollstreckungsauftrages war schon eine interessante Erfahrung, die ich als neuer VB machen durfte.

Die Geschichte ist aber noch nicht zu Ende. Die letzte noch zu zahlende Rate zog sich hin.

Ich hatte ihr ein Ultimatum gesetzt. Sollte ich das Geld nicht bekommen, würde ich einige Gegenstände aus ihrer Folterkammer pfänden. Das fand sie gar nicht lustig und versprach, den nächsten Termin unbedingt einzuhalten. Der Termin kam, ich durfte die Tasse Kaffee genießen und fing bereits an, die Quittung für die letzte Rate auszufüllen. Frau H. druckste herum. »Sag jetzt nicht, dass du kein Geld hast«, schmetterte ich ihr entgegen. »Doch, doch«, entgegnete sie. Allerdings habe ich nur einen Scheck über 150,– DM von einem Kunden. »Ich nehme doch keinen Scheck von deiner Kundschaft! Vielleicht ist der gar nicht gedeckt?« »Kannste sicher sein, der ist von einem Dauerkunden, der zahlt immer mit Scheck.« Als ich den Scheck entgegennahm, wusste ich sofort, dass er gedeckt war. Der Scheck stammte von einem meiner Sachbearbeiter in der Vollstreckungsstelle. Leider habe ich vergessen zu fragen, welche Leistungen man für 150,– DM bekommt. Es ist doch interessant, was man über andere Leute alles erfährt.

Die Krankenschwester

Als Nächstes fällt mir ein Fall ein, der sehr tragisch endete. Im Landkreis hatte ich den Vollstreckungsauftrag einer Krankenkasse über einen höheren Betrag gegen eine Frau im Alter von Mitte dreißig. Sie lebte allein, ihr Lebensgefährte war als Fernfahrer nur an den Wochenenden bei ihr. Die Dame verdiente ihren Lebensunterhalt als Krankenschwester in einem großen Krankenhaus. Die beizutreibende Forderung resultierte aus einer selbstständigen Tätigkeit ihres Lebensgefährten, der das Gewerbe aus dubiosen Gründen nicht auf seinen Namen hatte laufen lassen. Der Laden ging pleite, Frau S. musste also die Schulden ihres Lovers begleichen. Wider Erwarten klappte das auch recht gut. Ein Antrag auf Aussetzung der Zwangsvollstreckung gegen Ratenzahlung wurde genehmigt. Die Raten, die mir die Dame persönlich aushändigte, waren so gestaffelt, dass die Forderung innerhalb kurzer Zeit beglichen wurde. Das kam mir etwas merkwürdig vor, denn das Gehalt einer Krankenschwester ist bekanntlich nicht üppig. Des Rätsels Lösung erfuhr ich einige Wochen später.

Eines Morgens gegen 10 Uhr klingelte ich an der Tür von Frau S. Schlaftrunken, völlig übernächtigt und reichlich angeschlagen vom nächtens verzehrten Alkohol öffnete sie mir die Wohnungstür. So kannte ich sie bisher nicht. Was war geschehen? Frau S. schilderte mir detailreich ihren Lebenswandel, der ihr in letzter Zeit mehr und mehr zu schaffen machte. Sie führte nämlich ein Doppelleben. Auf der einen Seite war sie die fleißige Krankenschwester, auf der anderen schaffte sie als Prostituierte an. In der Stadt hatte sie ein Appartement, in dem sie außerhalb ihrer Schichten im Krankenhaus ihre Freier empfing. Mir schien aber, als ob sie das nicht so ganz freiwillig tat. Das geschah sicher auf Druck des Lebensgefährten. Vermutlich hat er sich das meiste Geld, das Frau S. sich »erwirtschaftet« hatte, unter den Nagel gerissen. Die nach und nach aufgelaufenen Vollstreckungsaufträge hat Frau S. zuverlässig an mich gezahlt. Dann verlor ich den Kontakt zu ihr. Einige Monate später, Frau S. war in die Stadt gezogen, las ich in der Tageszeitung ihre Todesanzeige. Da zwischen dem Sterbedatum und dem Termin der Beisetzung ein längerer Zeitraum lag, hatte ich nachgeforscht, was der Grund dafür sei. Von der Polizei erfuhr ich, dass Frau S. sich in der Badewanne die Pulsadern aufgeschnitten hatte. Angeblich lag kein Fremdverschulden vor. Schade, wenn ein Mensch so seinem Leben ein Ende setzt.

Gewusst wie

Apropos Prostitution. Da fällt mir gerade eine lustige Begebenheit ein. Vollstreckungsaufträge: Berufsgenossenschaft und Krankenkasse gegen eine Frau, die ein kleines Hotel betreibt. Der erste Kontakt war hergestellt, eine Ratenzahlungsvereinbarung geschlossen. Nun sollte der Ehemann, der einige Zeit wegen eines Unfalls zu Hause verbrachte, nichts von den Schulden seiner Frau mitbekommen. Um die Ehe nicht zu gefährden, trafen wir uns wöchentlich einmal auf dem Parkplatz eines großen Baumarktes in der Stadt. Pünktlich donnerstags um 13:00 Uhr kam Frau K. mit ihrem Auto angefahren, hielt neben meinem Pkw, so dass man von Fahrerseite zu Fahrerseite Geld gegen Quittung tauschen konnte. Das klappte wunderbar. Nach mehrmaligen Treffen sagte ich zu Frau K.: »Wenn uns hier jemand Woche für Woche beobachtet, soll er wohl denken, ich sei Ihr Zuhälter und kassiere Sie ab.« »Hahaha«, lachte sie, »wenn ich so mein Geld verdienen müsste, würde ich wohl verhungern. Ich bin schon mit meinem Mann überfordert.« Nun denn, dachte ich, hätten wir das auch geklärt.

In der Regel laufen Durchführungen von Vollstreckungsaufträgen recht geräuschlos und unspektakulär ab. Ich weiß zwar nie, was sich hinter der Haustür abspielt, wenn ich dort klingele. Wenn ich mich vorstelle, wissen die Anwesenden jedoch meistens, worum es geht und weswegen ich sie aufsuche. Schließlich wurde die Zwangsvollstreckung von der Vollstreckungsstelle schriftlich angekündigt. Nur wenn der Schuldner nicht reagiert, ergeht ein schriftlicher Vollstreckungsauftrag an den VB. In Fernsehkrimis ist es meistens so, dass die Polizei als Erstes mit dem Dienstausweis rumfuchtelt, um sich zu legitimieren. Das ist bei uns VBs nicht so. Natürlich haben wir einen Dienstausweis dabei. Aber wenn ich den durchschnittlich zwei bis drei Mal im Jahr vorzeigen muss, ist das viel. Vielleicht liegt es an meinem ehrlichen Aussehen, dass mich meine Klientel fraglos in die Wohnung lässt.

Die Reichsbürger

Apropos Dienstausweis. Eine besondere Gattung von Schuldnern sind die sogenannten Reichsbürger. Die habe ich im wahrsten Sinne gefressen wie ein Pfund Heftzwecken. Diese Leute erkennen unseren Staat mit seiner freiheitlich demokratischen Grundordnung nicht an. Sie argumentieren damit, dass es nach dem Zweiten Weltkrieg offiziell keinen Friedensvertrag zwischen Deutschland und den alliierten Westmächten gegeben hätte. Sie erklären die Bundesrepublik zu einer Art GmbH. Es wird lediglich das Deutsche Reich in den Grenzen von 1937 akzeptiert.

Die erste Frage des Schuldners ist immer die gleiche: »Haben Sie einen Amtsausweis?« »Nein, ich besitze einen Dienstausweis des Hauptzollamts Osnabrück«, ist meine Antwort. »Der ist nicht gültig«, wird mir vom Schuldner erklärt. Dann weiß ich sofort Bescheid. Der Schuldner lebt in einer anderen Welt. Grundsätzlich wird meine Amtshandlung als unrechtmäßig eingestuft. Auf Diskussionen mit dieser Klientel darf man sich keinesfalls einlassen.

Man bekommt bei den verqueren Ansichten keinen Fuß auf die Erde. Dass ich mich nicht einschüchtern oder abwimmeln lasse, gab ich unmissverständlich zu verstehen. Schließlich sind wir, die Bundesrepublik Deutschland, hier Hausherrin. Ich lasse es, wenn nötig, zu einem richterlichen Durchsuchungsbeschluss kommen und stelle dann das gesamte Hab und Gut auf den Kopf. Pfändbare Gegenstände nehme ich gerne mit. Beschwerden, auch gerichtlich eingeleitete, kann ich getrost abwimmeln. Die Institutionen der Bundesrepublik Deutschland sind nach Ansicht der Reichsbürger gar nicht zuständig für die Rechtsverfolgung. Und die Gerichtsbarkeit von vor 1937 existiert meines Wissens nicht mehr.

Man kann über diese, meist nur in geringer Anzahl auftretenden Personen, müde lächeln und sich seinen Teil denken. Bei mir haben solche Leute stets Wut erzeugt. Oft sind es Menschen, die entweder von Gleichgesinnten manipuliert wurden. Oder solche, die sich eine Scheinwelt aufgebaut haben. Sollen sie doch, denke ich, aber nicht hier in Deutschland. Es gibt sicher irgendwo auf der Welt einen Flecken Erde, an dem sich die Reichsbürger ein Reich errichten können mit Kaiser, Hofstaat und anderen Institutionen. Ich neige eigentlich nicht zu emotionalen Ausbrüchen gegenüber meinen Schuldnern.

Bei einem konnte ich es allerdings nicht lassen. Den habe ich, nachdem er mir einen Vortrag über das Deutsche Reich gehalten hatte, gefragt: »Sagen Sie mal, wer hat Ihnen eigentlich ins Gehirn geschissen, dass Sie sich in so eine Scheinwelt versetzen lassen? Öffentliche Leistungen nehmen Sie gerne in Anspruch, wenn es Ihrem Wohl dient. Ansonsten treten Sie diesen Staat, der Ihnen Sicherheit und ein einigermaßen ausreichendes Einkommen gewährt, mit den Füßen. Darüber denken Sie doch die nächste Viertelstunde einmal nach.« Die Diskussion war damit beendet.

Jeder Mensch lässt sich in bestimmte Kategorien einteilen. Im Laufe der Jahre lernt man aus den jeweiligen gesellschaftlichen Schichten die unterschiedlichsten Charaktere kennen. Dann liegt es am Gespür des VB, wie er die Leute anspricht und möglichst geräuschlos und effektiv die Vollstreckungsaufträge erledigt. Beispiele für gelungene und misslungene Kommunikation werde ich in den folgenden Kapiteln erläutern.

Der Typ »Choleriker«

Den VB erst einmal anbrüllen und die Forderung in Zweifel ziehen. Am liebsten würde man ihn umgehend rauswerfen. Auch wenn etliche unflätige Ausdrücke gebraucht werden, gilt: Ruhe bewahren. Irgendwann hat der Typ sein Pulver verschossen, und dann hole ich ihn auf den Boden der Tatsachen zurück. »So, sind Sie nun mit Ihrer Ansprache fertig? Dann wollen wir uns doch einmal gemütlich zusammensetzen und wie zivilisierte Mitteleuropäer die Kuh vom Eis holen.« Das klappt in der Regel. Gelegentlich entschuldigt sich der Schuldner anschließend für seine Ausfälle und bedankt sich für meine Geduld. Manchen Ärger der Schuldner kann ich sogar nachvollziehen. Wenn einem die negativen Ereignisse über den Kopf wachsen, dann braucht es nur ein Ventil, und das Fass läuft über. Der Vollziehungsbeamte ist gelegentlich der Tropfen auf den sprichwörtlichen »Heißen Stein«. Solche oder ähnliche Situationen kommen schon einmal vor.

Der cholerische Gärtner

Ein Gärtnermeister mit eigenem Betrieb und einer Baumschule hatte seit längerem finanzielle Probleme. Er gehörte zur Sorte »Dauerkunde«. Ich hatte den Bezirk, in dem der Betrieb seinen Sitz hatte, vor kurzem übernommen. Mein Kollege, der unseren Schuldner bereits seit einiger Zeit betreute, warnte mich vor. »Pass auf«, sagte er, »wenn der einen schlechten Tag hat, dann rastet er schnell aus.« Na ja, mit solchen Typen hatte ich gelegentlich das Vergnügen und hatte die für sie passende Ansprache.

Und es kam auch wie erwartet. Der Schuldner wurde in seinem Betrieb angetroffen und über die Forderung in Kenntnis gesetzt. Ich hatte den Mann ausgerechnet an einem Tag angetroffen, an dem er von seiner Bank die Mitteilung erhalten hatte, dass ausgerechnet unsere Vollstreckungsstelle sein Bankkonto gepfändet hatte. Sein cholerischer Anfall war vom Feinsten. Der gesamte Frust, der sich in letzter Zeit bei ihm aufgebaut hatte, entlud sich nun. Seine Ehefrau, die in der Nähe an einem Pflanztisch arbeitete, ließ sich nichts anmerken. Sie kannte sicher ähnliche Ausraster ihres Mannes.

Ich hatte es gerade noch geschafft, den Gärtner einigermaßen zu beruhigen und kein Öl auf das Feuer zu gießen, damit mir nicht einige Blumentöpfe um die Ohren fliegen. Als sein Anfall langsam abzuklingen begann, wurde er ganz ruhig. Allerdings hatte er noch ein Ass im Ärmel. Er teilte mir mit zittriger Stimme mit, dass er sich aufhängen würde, wenn ich nicht umgehend dafür sorgen würde, dass die Kontopfändung zurückgenommen wird. So weit wollte ich es natürlich nicht kommen lassen. Ich versprach ihm, wenn er mir einen annehmbaren Ratenzahlungsvorschlag unterbreiten würde, dass ich ihm die Kontopfändung vom Hals hielte. Die erste Rate wollte mir der Mann schon am Nachmittag aushändigen.

Der Suizidgedanke hatte sich nach meinem Besuch jedoch schnell verflüchtigt, denn mein Schuldner rief mich um die Mittagszeit an. »Herr Kaiser«, sagte er, »wenn Sie heute Nachmittag noch einmal zu mir kommen, dann bitte nicht so früh. Ich habe um 15 Uhr einen Frisörtermin.« Ich dachte, mit dem Aufhängen hat es sich bestimmt erledigt. Wer hängt sich schon auf und geht vorher noch zum Frisör.

Der Typ »Macho«

Der Macho ist Herr in seiner Burg. Und da muss doch ein fremder Eindringling gleich wissen, wer hier das Sagen hat. »Was wollen Sie von mir?« Allein der Tonfall, der bei einer derartigen Begrüßung an den Tag gelegt wird, sagt einem: Hier ist Vorsicht angebracht. Wenn dann noch andere Personen im Raum sind, ist es schwer, seine Forderung durchzusetzen, denn der Schuldner versucht den Ton anzugeben. Frei nach dem Motto: Also, das machen wir jetzt so: »Sie nehmen den Auftrag erst einmal zurück, und ich rufe morgen bei der Krankenkasse an und kläre den Sachverhalt. Da wollen wir doch mal sehen, ob Sie hier einfach reinplatzen können und bei mir etwas pfänden wollen.«

»Du Idiot«, denke ich, »gleich zeige ich dir, wo der Frosch die Locken hat.« Dann kommt mein Auftritt: »Hören Sie mal, Sie haben vor drei Monaten einen Bescheid von der Krankenkasse erhalten und nicht reagiert, dann haben Sie eine Mahnung der Kasse nicht beachtet. Anschließend haben Sie von unserer Vollstreckungsstelle eine Vollstreckungsankündigung bekommen und ebenfalls nicht reagiert. Vor drei Wochen habe ich Ihnen eine schriftliche Zahlungsaufforderung in den Briefkasten geworfen mit dem Hinweis auf einen neuen Besuchstermin. Den haben Sie ebenfalls nicht eingehalten. Ich fordere Sie jetzt zur Zahlung auf und erwarte, dass Sie meiner Aufforderung Folge leisten.« Wenn man dann sein ganzes Füllhorn der Möglichkeiten in der Zwangsvollstreckung vor ihm ausbreitet, wird so ein Typ oft kleinlaut und versucht, den VB zu besänftigen, und klopft ganz unten an. Für jeden Patienten gibt es die passende Medizin.

Der Typ »Nix verstehen 1«

Egal ob Türke, Bulgare, Rumäne oder Pole. Bei dem Besuch eines VB können viele von den Benannten plötzlich kein Deutsch verstehen. Egal ob es Kfz-Steuer, Krankenkasse oder Arbeitsamt ist. Ich rede teilweise wie mit einem kranken Gaul, aber verstanden wird angeblich nur Bahnhof. Manchmal frage ich mich, wie diese Leute es schaffen, ohne auch nur geringe deutsche Sprachkenntnisse zum Beispiel ein Auto zuzulassen, öffentliche Leistungen zu beantragen oder ein Konto zu eröffnen.

Ich staune häufig, wenn ich tagsüber zum Beispiel zu einer türkischen Familie komme und nur die Ehefrau des Schuldners anwesend ist, die kaum ein deutsches Wort über die Lippen bekommt. Und das, obwohl ich weiß, dass die Familie schon viele Jahre in Deutschland lebt. Dann heißt es häufig: »Ich nix deutsch, kommen wenn Mann da.«

In dem Zusammenhang fällt mir eine Begebenheit aus dem letzten November ein. Eine Bulgarin, die über längere Zeit unberechtigt Leistungen von der Bundesagentur für Arbeit bezogen

hatte, wurde zur Rückzahlung des Geldes aufgefordert. Nebenher wurde sie wegen Betruges
zur Zahlung einer hohen Geldstrafe verurteilt.
An die Staatsanwaltschaft hatte sie bereits einige
Raten gezahlt, und auch die Rückforderung des
Arbeitslosengeldes wurde mit Raten bedient, allerdings nicht pünktlich.

Der Vollstreckungsauftrag gegen die Frau hat
mich fast in den Wahnsinn getrieben. Die ganze
Familie war bei meinem Besuch anwesend.
Allerdings war wegen mangelnder Deutsch-
kenntnisse niemand in der Lage, einen Beitrag
zur Lösung des Problems beizusteuern. Jeder,
der meinte, etwas zum Sachverhalt beitragen
zu können, meldete sich zu Wort. Nur, keiner
konnte den Knoten entwirren. Es wurden immer
wieder aus einem riesigen Wust von Papieren
(eine geordnete Buchhaltung sieht anders aus)
Zahlungsbelege vorgelegt. Einmal vom Arbeitsamt, dann von der Staatsanwaltschaft.

Mehrere Anläufe, der Schuldnerin zu erklären,
dass es sich bei den Forderungen um zwei verschiedene Dinge handelt, scheiterten. Mir standen Schweißperlen auf der Stirn. Wir kamen
nicht weiter. Natürlich hätte ich ein Protokoll
über eine fruchtlose Pfändung fertigen können,
denn in der Wohnung gab es keine pfändbaren
Gegenstände. Dann wäre ich den Auftrag los,
und andere hätten sich damit herumplagen kön-

nen. Das war mir jedoch nicht recht. Wenn ich einen Vollstreckungsauftrag habe, dann wird er auch so erledigt, dass ich für mich das Gefühl habe, alles in meiner Macht Stehende getan zu haben, um den Vorgang zu beenden.

Da viele Bulgaren der türkischen Sprache mächtig sind, hatte ich eine Idee. In unserer Kraftfahrzeugsteuerstelle arbeitete eine junge Kollegin mit türkischen Wurzeln. Ich rief sie von unterwegs an und bat sie um Übersetzungshilfe. Wir verabredeten einen Termin bei der Schuldnerfamilie, und die Verhandlung verlief nun völlig anders. Büsra, die bezaubernde Kollegin, wurde von mir in den Sachverhalt eingewiesen, und dann war ich nur noch Zuschauer. In null Komma nichts hatte sie den Bulgaren klipp und klar erklärt, wo der Hammer hängt. Sie hat es sogar geschafft, den Leuten die Bedeutung von Säumniszuschlägen zu erklären. Fall erledigt.

Der Typ »Nix verstehen 2«

Ein polnischer Staatsbürger, der schon einige Monate in Deutschland arbeitete, war bei der Polizei aufgefallen, weil er einen Pkw mit polnischem Kennzeichen fuhr, jedoch hier keine Kfz-Steuer entrichtet hatte. Eine Anzeige war fällig, und ich bekam einen Vollstreckungsauftrag. Beim ersten Aufsuchen des Schuldners traf ich ihn nicht an. Er bekam von mir eine schriftliche Zahlungsaufforderung in den Briefkasten mit dem Hinweis: »Ich werde Sie am ... zwischen 14:00 Uhr und 16:00 Uhr erneut aufsuchen. Die Zeile wurde von mir zusätzlich mit einem gelben Textmarker hervorgehoben. Ebenso meine Telefonnummer.

Zum angegebenen Termin klingelte ich gegen 14:30 Uhr an der Haustür des Schuldners. Keine Reaktion. Typisch, dachte ich. Als ich mich unverrichteter Dinge zu meinem Auto begab, klingelte mein Handy. Es war ein Anruf unserer Vollstreckungsstelle in Nordhorn. Die Kollegin hatte dort in der Anmeldung einen polnischen Staatsbürger stehen, der mich sprechen wollte, um seine Kfz-Steuer zu bezahlen. Ich dachte, mich trifft der Schlag. Ist dieser Vollpfosten doch tatsächlich von Bad Rothenfelde nach Nordhorn gefahren. Er hatte aus der Zahlungsaufforderung gelesen, dass er an dem genannten Tag zwischen 14 und 16 Uhr bei der Dienststelle vorstellig werden sollte. Das sind satte 140 Kilometer. Da der Mann natürlich der deutschen Sprache nicht mächtig war, konnte ich ihm auch nicht erklären, dass er sein Geld dort bei der Zahlstelle hätte einzahlen können. Ich konnte ihm nur mitteilen, dass er nach Hause fahren solle und ich am nächsten Tag bei ihm vorstellig würde.

Auch in diesem Fall wusste ich mir zu helfen. Unsere Verwaltung ist mittlerweile multinational eingerichtet. Wieder musste ein Kollege aus der Kraftfahrzeugsteuerstelle helfen. Matze, ein Kollege mit polnischen Wurzeln, war gerne bereit, mit mir zum Schuldner zu fahren und den Dolmetscher zu spielen. Das Gespräch zwischen den beiden war köstlich anzuhören. Polnisch ist für mich eigentlich keine Sprache. Es ist lediglich eine Zusammensetzung von Konsonanten, die gar nicht zusammenpassen. Vokale sind eher selten anzutreffen. Aber die Polen untereinander verstehen sich seltsamerweise. Der Schuldner hat mir das Geld gezahlt, und die Neuberechnung der aktuellen Steuer wurde geklärt, da das betreffende Fahrzeug bereits nach Polen verkauft worden war.

Der Typ »Zyniker«

Der Zyniker nimmt die Situation nicht ernst. Er versucht mich aus der Reserve zu locken, damit ich eine unbedachte Äußerung mache und ihm einen Angriffspunkt für eine Beschwerde liefere. Er macht meinen Beruf verächtlich und neigt zum Spott. Etwa: »Na, Ihren Job möchte ich auch nicht machen, muss doch unangenehm sein, immer hinter dem Geld der Schuldner herzulaufen. Sie haben bestimmt viel Ärger! Ich könnte so eine Arbeit nicht machen.«

Ich antworte in der Regel wie folgt: »Nein, Ärger gibt es höchstens mit Leuten wie Ihnen, die mich nicht ernst nehmen. Außerdem habe ich eine christliche Lebenseinstellung. Jeden Morgen, wenn ich wach werde, bete ich zu meinem Schöpfer folgendes Gebet: ›Lieber Gott, ich danke dir, dass es nicht mein Geld ist, hinter dem ich heute herlaufen muss.‹« Dann erübrigt sich meistens jede weitere Diskussion. Ich könnte nun noch eine Reihe anderer Typen anführen, aber die werden wir im Laufe der folgenden Seiten auch noch kennenlernen.

Die Spielautomaten-
pfändung

Nun komme ich zu Herrn E. aus B, der eine Verwaltungs-GmbH sein Eigen nennt. Er betreibt eine Kette von Spielotheken im norddeutschen Raum. Der Sitz der Firma befindet sich in meinem Landbezirk. In einem kleinen Büro sitzt täglich Frau P. stundenweise und erledigt die buchhalterischen Aufgaben. Herr E. lässt sich ab und zu blicken, um nach dem Rechten zu sehen. Er bevorzugt jedoch mehr sein privates luxuriöses Leben, als fleißig zu arbeiten. So kommt es dann auch, dass unter anderem Sozialversicherungsbeiträge nicht pünktlich abgeführt werden. Zahlungen werden meist nur dann geleistet, wenn die Zwangsvollstreckung droht.

Nun kommt der VB ins Spiel, der in dem Laden für Ordnung sorgen und die eingenommenen Gelder in die richtige Richtung fließen lassen will. Frau P. ist stets bemüht, die aufgelaufenen Rückstände zu zahlen. Ihr Chef hält das nicht für nötig. Geld bekomme ich nur, wenn es ihm gerade so passt. Eine fruchtlose Pfändung in dem Büro wäre schnell erstellt. Dort gab es lediglich eine Büroeinrichtung, die nicht pfändbar ist. Doch mein Jagdinstinkt ließ mir keine Ruhe, denn ich wusste von Frau P., dass Herr E. nicht zahlungsunfähig war, sondern alles bis zum Gehtnichtmehr ausreizte. »Dich kriege ich«, dachte ich. Frau P. konnte ich überreden, mir Adressen von den Spielotheken in der Nähe auszuhändigen. Und nun konnte ich handeln. Die nächsten zwei erreichbaren Spielhöllen waren in Nordrhein-Westfalen angemeldet. Meine Vollstreckungsstelle in Osnabrück besorgte mir einen richterlichen Durchsuchungsbeschluss vom zuständigen Amtsgericht.

An einem vereinbarten Vormittag stattete ich gemeinsam mit einer Kollegin der ersten Spielhalle einen Besuch ab. Einer völlig desinteressierten Angestellten hielten wir den Durchsuchungsbeschluss unter die Nase. Scheinbar war es ihr egal, was wir vorhatten. Sie versuchte nicht einmal, ihren Chef, den Herrn E., zu erreichen.

Wie kommt man nun ans Ziel? Die Spielautomaten bekamen wir nicht auf, denn die Automatentussie hatte keinen Schlüssel. Die Spielgeräte von der Wand zu nehmen, ging auch nicht. Die waren fest verankert. Somit blieb uns nur, auf jeden Automaten ein Pfandsiegel des Hauptzollamtes (den berühmten Kuckuck) zu kleben. Das Siegel wurde auf das Schloss geklebt, damit niemand an das Geldfach kommen konnte.

Merkwürdigerweise hat unsere Amtshandlung keinen der Anwesenden interessiert. Die waren ganz damit beschäftigt, ihre letzten Kröten in den Geldschlitzen zu versenken. Geld hatten wir also nicht einsammeln können, jedoch beim Chef, Herrn E., wohl anschließend einen Tobsuchtsanfall ausgelöst. Ich brauchte nicht lange zu warten, bis ich im Büro einen Anruf bekam. Zuerst war Herr E. noch wütend, doch nachdem wir die Fronten geklärt hatten, wurde er kleinlaut.

Folgender Deal wurde zwischen uns vereinbart: In regelmäßigen Abständen wird mir Herr E. das Geld aus den Automaten auszahlen. Und das so lange, bis der letzte Pfennig aus den Vollstreckungsaufträgen abgezahlt ist. Dafür erlaubte ich ihm, die Pfandsiegel von den Automaten zu entfernen. Merkwürdigerweise hat sich Herr E. an die Vereinbarung gehalten. Andernfalls hätte er auch sein blaues Wunder erlebt.

Großzügig bot mir Herr E. an, dass wir uns auf halbem Wege zwischen seiner Geschäftsanschrift und seinem Wohnort treffen könnten zur Geldübergabe. Ich bräuchte doch nicht jedes Mal zu ihm zu fahren, meinte er. »Nachtigall ik hör dir trapsen«, dachte ich. Der hat doch nur Schiss, dass ich ihm die Automaten wieder zupflastere. Allerdings meinte Herr E., mich ärgern zu können, indem er mir die Raten in Münzen aus den Automaten übergab. Das sah dann so aus, dass er mir jedes Mal einen kleinen Jutesack voll mit Münzgeld übergab. Zählen konnte ich das Geld allerdings vor Ort nicht, dazu fehlte mir die Zeit. Es lag lediglich ein kleiner Zettel dabei, auf dem die Geldsumme vermerkt war, die sich in den Beuteln befand. Herr E. hatte nämlich zu Hause eine Geldzählmaschine. Die beschriebene Art der Schuldentilgung war sicherlich etwas ungewöhnlich und auch nicht im Sinne der Vollstreckungsvorschriften. Aber bekanntlich heiligt der Zweck die Mittel.

Die recht schweren Geldsäcke lieferte ich am Folgetag bei unserer Zollzahlstelle ein. Die Zahlstellenkollegen waren »not amused«. Herrn E. muss ich jedoch zugutehalten, dass die gezahlte Summe stets auf den Pfennig genau stimmte. Interessant ist noch zu berichten, welchen Übergabeort wir vereinbart hatten. Es war ein Fischteich genau auf der Landesgrenze zwischen Niedersachsen und NRW. Herr E. kam mit seinem protzigen Mercedes-Benz 500 SEL angefahren, in dem ich zur Geldübergabe Platz nehmen durfte. Er ist nie in mein Auto eingestiegen. Das war wahrscheinlich unter seinem Niveau. Zu der Zeit fuhr ich einen VW Käfer, den ich vor einiger Zeit selber restauriert hatte. Mir machte es nichts aus. Ich hatte die Genugtuung, dass mein Auto bezahlt war, seines jedoch mit Sicherheit auf Pump lief.

Die Zahlungsvereinbarung wurde von Herrn E. wider Erwarten bis zum letzten offenen Betrag eingehalten. Allerdings waren für die Rückstände noch laufende Säumniszuschläge berechnet worden in Höhe von 500,– DM. Den Betrag ist Herr E. mir schuldig geblieben. Er hatte seinen Firmensitz kurz nach der Wende nach Thüringen verlegt. Ob er seinen Zahlungsverpflichtungen dort nachgekommen ist, konnte ich nicht ermitteln.

Oben hatte ich bereits erwähnt, dass wir zur Durchführung von Vollstreckungsaufträgen durchaus auf das Mittel eines richterlichen Durchsuchungsbeschlusses zurückgreifen können. Von der Methode hatten wir Osnabrücker VBs in den achtziger und Anfang der neunziger Jahre reichlich Gebrauch gemacht.

Bevor das Amtsgericht einen Durchsuchungsbeschluss erteilt, müssen diverse Bedingungen erfüllt sein. Das ist äußerst wichtig, denn die aus dem Grundgesetz hergeleitete Unverletzlichkeit der Wohnung ist ein hohes Grundrecht. Die Vollstreckbarkeit der Forderung muss eindeutig gegeben sein durch einen Leistungsbescheid. Mindestens eine Mahnung über den Zahlungsverzug muss der Schuldner bekommen haben.

Bevor der VB einen Vollstreckungsauftrag erhält, wird dem Schuldner von der Vollstreckungsstelle eine Vollstreckungsankündigung zugestellt. Nach Ablauf einer bestimmten Frist kommt der VB auf den Plan. Um einen Durchsuchungsbeschluss zu erwirken, sind drei Vollstreckungsversuche zu unterschiedlichen Tageszeiten notwendig. Der Schuldner bekommt vom VB nach dem ersten erfolglosen Besuch eine schriftliche Zahlungsaufforderung zugestellt, in der ein neuer Besuchstermin angekündigt wird. Wenn dann der Schuldner nicht reagiert und auch nicht signalisiert, dass er sich bemüht, den Sachverhalt zu klären bzw. seine Schuld zu begleichen, ist die Grundlage für die Beantragung eines Durchsuchungsbeschlusses gegeben.

Die zwangsweise Öffnung von Wohnungen oder Geschäftsräumen ist stets eine spannende Angelegenheit. Man weiß nie, was einen erwartet, wenn der Schlüsseldienst eine Tür aufbricht. Eine Durchsuchung mit Beschluss wird auf jeden Fall mit zwei Personen durchgeführt. Der VB ist angewiesen, eine dritte Person als Zeuge der Amtshandlung zur Seite zu haben. Wenn der Schuldner zu Hause ist, kann der Türöffner wieder abrücken. Allerdings stellt er seinen Dienst in Rechnung. Ist der Schuldner nicht anwesend, wird die Wohnungstür fachmännisch aufgebrochen, und ich stelle die Wohnung auf

den Kopf, besser gesagt, ich suche nach pfändbaren Gegenständen. Alles, was irgendwie zu
Geld zu machen ist, wird mitgenommen und
der Verwertung, also einer Versteigerung, zugeführt. In der Regel verlaufen Durchsuchungen
fruchtlos. Denn wer es so weit kommen lässt,
dass die Wohnung aufgebrochen wird, der hat
nichts mehr zu verlieren. Obwohl wir manchmal doch gestaunt haben, was Leute alles in der
Wohnung aufbewahren.

Mit Durchsuchungs-beschluss

Mein Vollstreckungskollege Heiner und ich waren damals ein unschlagbares Team in Sachen Wohnungsaufbrüchen und Durchsuchungen. Hierzu einige Beispiele. Den Aufbruch der Wohnung eines Junggesellen hatten wir schon nahezu abgeschlossen. Die Wohnung war ein einziger Trümmerhaufen. Der Schuldner hatte sozusagen auf einer Müllhalde gelebt. Im Raum stand ein völlig zugemüllter Schreibtisch. Auf dem fanden wir lediglich offene Rechnungen, Mahnungen und anderes wertloses Zeug. Heiner fiel ein Sparbuch in die Hände, und er blätterte es durch. Über viele Jahre gab es nur wenige Einzahlungen, aber auch genauso wenige Auszahlungen. Bis zur letzten Seite. Dort war eine recht neue Eintragung vorhanden in Höhe von etwas über 10.000,– DM. Also wanderte das Sparbuch in unseren Besitz. Nun wollten wir gerne in Erfahrung bringen, woher das Geld stammte. Wir bekamen es schnell heraus. Es lag unter all dem Papierkram ein Testament,

93

wonach der Schuldner nach dem Ableben seiner Mutter die genannte Summe aufgrund der Erbschaft auf sein Sparbuch überwiesen bekommen hatte. So macht Zwangsvollstreckung Spaß. Eine Pfändung des Guthabens wurde veranlasst, und der Fall war erledigt. Der Überschuss wurde auf das Konto des Schuldners überwiesen.

Stichwort »Spaß«: In einigen Fällen macht die Zwangsvollstreckung überhaupt keinen Spaß. Einige Beispiele: Es herrscht herrlichstes Sommerwetter. Eine Vielzahl von Vollstreckungsaufträgen wartet auf Erledigung. Im Laufe des Tages wird es entsetzlich heiß. Man fährt seinen Bezirk ab, klebt nach einiger Zeit verschwitzt am Autositz, und dazu kommt oft genug, dass die aufgesuchten Schuldner nicht zu Hause sind. Dann wünscht man sich gerne einen klimatisierten Arbeitsplatz in einem Büro. Wenn man dann noch auf Schuldner trifft, die einem ganz und gar nicht liegen und nur Ärger machen, dann ist der Tag gelaufen. Die Freiheit des Vollziehungsbeamten lässt es allerdings zu, bei zu großem Frust den Dienst abzubrechen und sich nach Hause zu begeben. Allerdings bleiben ihm die nicht erledigten Aufträge erhalten. Von selbst erledigt sich in der Regel nichts.

Wenn einem ein Tag mal so richtig danebengegangen ist, hilft es, eine Nacht über den Ärger zu schlafen. Am anderen Morgen sieht der Tag schon wieder besser aus, und man denkt: »Neues Spiel, neues Glück.« Den Ärger vom Vortag sollte man tunlichst in der Vergangenheit lassen.

Wenn der Stress vom Vortag verflogen ist kann man sich wieder dem Tätigkeitsfeld der Zwangsvollstreckung widmen. Sehr abwechslungsreich sind zum Beispiel die Wohnungen der Schuldner. Ein VB bekommt so ziemlich alle Einrichtungsformen zu Gesicht. Mit Kennerblick erkennt der erfahrene Vollstrecker schon vor dem Betreten einer Wohnung, wie es in den vier Wänden aussehen kann. Der erste Blick richtet sich auf Hausbriefkasten und Klingelschild. Hängt der Briefkasten schon augenscheinlich längere Zeit schief an der Hauswand und hat aufgebogene Ecken, weil der passende Schlüssel gerade nicht zur Hand war, und die Klingel baumelt an zwei Kabeln an der Wand herunter, dann weiß man schon: Es ist gerade heute nicht aufgeräumt. Da kommt man in ein wohnliches Chaos. Die Wohnung sieht aus wie eine explodierte Müllhalde, und der Schuldner bzw. die Schuldnerin bitten um Entschuldigung über den derzeitigen Zustand, denn es wird angeblich gerade renoviert. In eine solche Wohnung kann man noch in fünf Wochen kommen, da wird dann immer noch renoviert.

Bei einigen Schuldnern kann man am gedeckten Küchentisch ablesen, was es vor zwei Wochen zu essen gab. Gelegentlich kommt man in Gemächer, da funktioniert fast nichts, alles ist alt, abgenutzt und schmuddelig. Jedoch eines ist stets tipptopp: der Fernseher. Oft gleicht die Glotze dem Format einer Kinoleinwand und scheint der Mittelpunkt des Familienlebens zu sein. Kulturelle Bildung ist den Leuten anscheinend wichtig. Man will nichts verpassen und bezieht seine Informationen über SAT 1 oder RTL 2. Nachmittags schaut die Familie sich die Gerichtsshows an, in denen in dreißig Minuten komplizierte Sachverhalte mit viel Lärm und Klamauk abgearbeitet werden. Solche Gerichtsverhandlungen hätte ich gerne in meiner Zeit als Schöffe beim Amtsgericht auch erleben wollen. Dort ging es meist bierernst zur Sache, und innerhalb von dreißig Minuten wurde auch kein Urteil verkündet.

Mich störte sehr, wenn bei meinen Besuchen in oben genannten Familien bei der Durchführung eines Vollstreckungsauftrages nicht einmal das TV ausgestellt wurde. »Nur nicht aufregen«, dachte ich, »die sind halt so.« Bei dieser Gelegenheit möchte ich erwähnen, dass ein Fernsehgerät grundsätzlich nicht pfändbar ist, da es mittlerweile zur Grundausstattung eines Haushaltes gehört. Im Amtsdeutsch lautet es: »Gegenstände, die einer bescheidenen Lebenshaltung dienen.«

Ausnahmen bestätigen die Regel: Befindet sich in der Wohnung noch ein Zweitgerät, unterliegt der Fernseher der Pfändung. Wenn man jedoch auf die Idee kommt, die besagte »Kinoleinwand« (Neupreis ca. 4.000,– €) pfänden zu wollen, wird man in der Regel feststellen, dass das Gerät über einen Ratenkauf finanziert worden ist. Also der Schuldner noch gar kein Eigentumsrecht an der Sache besitzt.

Zu den Finanzierungsgewohnheiten meiner »Kunden« ist zu bemerken, dass es fast nichts gibt, was man nicht mittels Ratenzahlungsplan, Finanzkauf oder Leasing erwerben kann. Die Werbewirtschaft ist stets bemüht, Waren sämtlicher Anbieter zu günstigen Konditionen an den Mann bzw. die Frau zu bringen. Das kann dazu führen, dass Verbraucher sich völlig verschulden und den Überblick über abgeschlossene Ratenkredite verlieren. Die angebotenen Null-Prozent-Finanzierungen entpuppen sich schon nach kurzer Zeit als böse Falle. Dass man in unserem auf Gewinnerzielung ausgerichteten Kapitalismus nichts geschenkt bekommt, ist bei einigen Menschen noch nicht angekommen. Nur zu oft werden Dinge gekauft, die man sich nicht leisten kann. Das böse Erwachen kommt spätestens dann, wenn Inkassounternehmen, Gerichtsvollzieher oder Vollstrecker vom Zoll vor der Tür stehen.

Menschen sind bekanntlich alle unterschiedlich veranlagt. Und deshalb gehen sie auch alle völlig anders mit Krisen um. Manchen Schuldnern ist es unheimlich peinlich, wenn ich mit einem Vollstreckungsauftrag vor der Tür stehe. Sie sind um Schadenbegrenzung bemüht und möchten auf gar keinen Fall, dass womöglich die Nachbarn mitbekommen, dass ein Vollstrecker zu Besuch ist. Es werden alle möglichen Argumente vorgebracht, die mir suggerieren sollen, dass es einfach nur ein Versehen ist, dass gerade diese Rechnung nicht gezahlt wurde. Wenn man allerdings hinter die Fassade der meisten dieser Personen blickt, kommt schnell ein anderes Bild zutage. Häufig habe ich es erlebt, dass sich aus einem einmaligen Besuch ein längeres »Zusammenarbeiten« entwickelt hat.

Eine andere Art mit dem Umgang von Schulden sind die Gleichgültigen. Es ist ihnen egal, wenn man mit einem Vollstreckungsauftrag vor der Tür steht. Die leben nach dem Motto: »Wenn einer Geld von mir haben will, soll er sich wohl melden.« Dass auf jeden Vollstreckungsauftrag Gebühren und Säumniszuschläge aufgeschlagen werden, kümmert sie nicht. Einige wenige Schuldner lernte ich zu Beginn meiner Vollstreckungstätigkeit kennen, die mich die ganzen 37 Jahre bis zu meiner Pensionierung mehr oder weniger »begleitet« haben. Mal ging es um Rückstände bei der Berufsgenossenschaft, ein anderes Mal wurde ein Krankenkassenbeitrag nicht gezahlt, oder die jährlich fällige Kraftfahrzeugsteuer wurde mangels Deckung des Kontos nicht abgebucht usw.

An einen Schuldner kann ich mich erinnern, der aufgrund von Vollstreckungsankündigungen unserer Vollstreckungsstelle jedes Mal anrief und auf einen Besuch von mir wartete. Das Geld lag dann auch vollzählig bei meinem Besuch auf dem Tisch. Der Kaffee, den ich bekam, war auch schon aufgebrüht. Allerdings musste ich den Schuldner ständig daran erinnern, dass ich kein Trinkgeld haben möchte. Erstens ist es mir verboten, außer der Schuldsumme Geld anzunehmen. Zweitens befinden wir uns nicht in einem Restaurant.

Ärgerlich wurde ich immer dann, wenn mir ein Schuldner weismachen wollte, dass die Schuldsumme durch Überweisung an den Gläubiger längst erledigt sei, ich jedoch keine Zahlungsmitteilung erhalten hatte. Ein Nachweis konnte gerade nicht vorgelegt werden. Aber man könne sich darauf verlassen, dass alles beglichen sei. Wenn man sich mit der Aussage zufriedengibt und den Schuldner verlässt ohne Zahlungsnachweis, hat man oft genug das Nachsehen. Es vergehen einige Tage, die man auf einen Zahlungseingang wartet. Wenn nichts Derartiges geschieht, weiß man spätestens dann, dass man aufs Kreuz gelegt wurde. Zwangläufig muss ich den Schuldner ein weiteres Mal aufsuchen. Mit der Situation konfrontiert hat ein Schuldner häufig eine Standardausrede. Die lautet wie folgt: »Also, das Geld habe ich überwiesen, habe aber leider eine falsche Kontonummer angegeben. Somit ist die Summe von der Bank zurückgebucht worden.« Dann wird es Zeit, die Zügel etwas anzuziehen und dem Schuldner zu zeigen, wo der berühmte Hammer hängt. Das Vollstreckungsrecht hat für jeden Schuldner das geeignete Mittel, um ihn zur Zahlung zu bewegen.

Nun möchte ich in den nächsten Abschnitten einige kuriose Begebenheiten aus meinem Vollstreckungsalltag mitteilen.

Ein Kuckuckskind

Mit einem Vollstreckungsauftrag gegen einen Mann mittleren Alters begab ich mich zu seiner Wohnung. Dieser lebte in einem kleinen, spärlich ausgestatteten Kellerappartement. Ein total unglücklich und niedergeschlagen wirkender Mensch stand mir gegenüber. Nachdem ich mein Anliegen vorgebracht und er mir seine Zahlungsunfähigkeit dargelegt hatte, begann ich seine wirtschaftlichen Verhältnisse zu prüfen. Von Beruf war er Kraftfahrer, jedoch zurzeit mangels Fahrerlaubnis ohne Beschäftigung. Auf meine Frage, weshalb er den »Lappen« losgeworden wäre, antwortete er: »Ich bin besoffen gefahren und wurde von der Polizei erwischt. Und das war nur die Schuld meiner Frau.« Das musste er mir erklären, weshalb die Ehefrau an einer Trunkenheitsfahrt des Mannes schuld sein sollte.

»Es war so: Wir haben gemeinsam drei Jungen zu unterhalten. Und da es um unsere Ehe zurzeit nicht zum Besten bestellt ist, beichtete mir meine Frau zu allem ehelichen Frust auch noch, dass der mittlere nicht von mir sei. Dass sie während der Woche, wenn ich auf dem Bock saß, fremdgegangen ist, hätte ich eventuell noch hinnehmen können. Aber das Fass zum Überlaufen brachte die Tatsache, dass der Vater des Jungen mein eigener Vater ist. Wie würden Sie dann reagieren? Ich habe mir danach, als ich das erfahren hatte, mächtig einen zur Brust genommen und war danach mit dem Auto weggefahren.« Dass der Schwindel nicht aufgeflogen ist, lag auf der Hand. Genetisch gehört der Kleine ja zur Familie. Vom Aussehen fiel er nicht auf. Er zeigte mir ein Foto von den dreien. Da wäre niemand draufgekommen, dass ein Kind darunter ein »Kuckuckskind« ist.

Der Heruntergekommene

Ein aktuelles Beispiel aus der Rubrik igittigitt habe ich buchstäblich noch in der Nase. Ein Vollstreckungsauftrag gegen einen Rentner, der Rückstände bei seiner Krankenkasse in Höhe von einigen Hundert Euro hatte. Da ich ihn tagsüber mehrfach nicht angetroffen hatte, stattete ich ihm in den Abendstunden einen Besuch ab. Im zweiten Stock eines Sechsfamilienhauses öffnete er mir die Tür. Ich stellte mich vor und bat um Einlass in die Wohnung. Zunächst wollte er mich nicht hereinlassen, er hätte nicht aufgeräumt. Da ich darauf bestand, den Auftrag nicht im Treppenhaus zu erledigen, ließ er mich in die Wohnung. Allerdings war mir schon vor der Wohnungstür der schlimme Zustand des Mannes aufgefallen. Er war abgemagert bis auf die Rippen, trug einen langen ungepflegten Rauschebart wie Rasputin. Und das Unterhemd auf seinem Leib war ihm schon so auf dem Körper angewachsen, das hätte nur operativ entfernt werden können. Da der Mann eine kurze Hose trug und keine Schuhe, konnte ich auf seine Füße schauen. Da hätte es mir fast die Sprache verschlagen. Sämtliche Zehen waren schon zu einem Teil abgefault und kohlrabenschwarz. Nun denn, in die Wohnung ging ich trotzdem. Im Flur machte ich zunächst Bekanntschaft mit einem großen, von der Decke hängenden Spinngewebe, welches mir im Gesicht hing. Das wunderte mich nicht, als ich den Rest der Wohnung zu Gesicht bekam. Der Mann schien mit Vergnügen Glasflaschen zu sammeln, allerdings nur die mit alkoholischem Inhalt. Der Teppichboden war dermaßen verdreckt, dass man nicht lange auf einer Stelle hätte stehen dürfen, sonst wären die Schuhsohlen festgeklebt. Da der Mann nicht sehr viel feste Nahrung zu sich zu nehmen brauchte, blieben nach den Mahlzeiten einige Lebensmittelreste zurück, die sich in der ganzen Wohnung verteilten. Wenn Essensreste richtig lange unbeaufsichtigt herumliegen, fangen sie an zu leben und selbstständig zu laufen. Um es abzukürzen und dem Leser/der Leserin nicht den Appetit zu verderben, habe ich versucht, so schnell wie möglich das Weite zu suchen. Allerdings wollte ich wissen, womit der Schuldner seinen Lebensunterhalt bestritt. Ich nahm an, er würde mir seinen Hartz-IV-Bescheid oder Ähnliches vorlegen. Der Fall wäre dann mit einer fruchtlosen Pfändung erledigt gewesen.

Nicht in diesem Fall. Es stellte sich heraus, dass der Mann vor seiner Verrentung Diplomingenieur bei einem großen Unternehmen gewesen war. Zwar hatte er kein Bargeld in der Tasche, jedoch konnte er mir die gesamte Summe mittels Kreditkarte zahlen. Allerdings musste ich ihm das Kartenlesegerät zur Eingabe der PIN in die Hand reichen. Das erforderte schon einiges an Überwindung. Als ich die Wohnung verließ und im Auto saß, hätte ich mich am liebsten übergeben. Ich konnte mich gerade noch beherrschen. Jedoch wurde ich den fürchterlichen Geruch aus der Wohnung nicht los. Zum Glück war es an dem Abend der letzte Fall, und ich konnte zügig nach Hause und unter die Dusche.

Am Tag danach hatte ich lange überlegt, ob ich den vorgefundenen Zustand nicht einer Institution wie Caritas oder einem ähnlichen Verein mitteilen sollte. Allerdings war der Mann offensichtlich völlig bei Verstand und konnte sich gut artikulieren. Und wenn jemand auf einer Müllhalde leben will, dann soll er doch. Einige Wochen später rief mich die Dame eines Hilfsdienstes an, die sich des Mannes angenommen hatte. Sie hatte eine schriftliche Zahlungsaufforderung von mir in dem Chaos gefunden und wollte wissen, ob es noch offene Rechnungen gäbe. Scheinbar kam der arme Kerl endlich in die Obhut von geschulten Hilfskräften.

Auf den Leim gegangen

Ein VB sollte auf jeden Fall moralisch gefestigt sein und über jeden Zweifel erhaben seinen Dienst verrichten. Auftrag ist Auftrag, und da gilt es, sich nicht von noch so einem hübschen Augenaufschlag oder Aussehen des anderen Geschlechts aus der Ruhe bringen zu lassen. Es gilt, die Vollstreckungsaufträge mit einer erfolgten Zahlung zu erledigen. Nicht mehr und nicht weniger. Ein Paradebeispiel, wie es nicht laufen sollte, schildere ich nun:

Mit einem Vollstreckungsauftrag gegen einen jungen Türken betrat ich seine Wohnung und brachte mein Anliegen vor. Ali nahm es zur Kenntnis und bot mir einen Platz auf dem Sofa an. Anwesend waren ein Freund des Schuldners und seine junge Schwester. Nun ist es in der Regel bei Menschen türkischer oder arabischer Herkunft so, dass nichts auf die Schnelle geht. Sie haben eine andere Mentalität. Und scheinbar viel Zeit.

Nachdem ich meinen Vollstreckungsauftrag vorgezeigt hatte, durfte ich Platz nehmen und der Schuldner begann, über die Forderung zu diskutieren. Inklusive Vollstreckungsgebühren in Höhe von 10,– DM ging es um läppische 127,– DM und einige Pfennige für seine Krankenkasse. Der Vollstreckungsauftrag wurde gründlich in Augenschein genommen. Ich dachte nur, mach hin, ich habe noch mehr zu tun, zück dein Portemonnaie, und weg bin ich wieder.

Doch so einfach ging das nicht. Zunächst bot mir die Schwester einen türkischen Tee an. Na gut, dachte ich, man möchte ja nicht unhöflich sein. Der wurde, wie es bei Türken so ist, aufwendig zelebriert. Der Schuldner und sein Freund hatten sich endlich entschlossen, die Forderung zu zahlen. Allerdings wollte Ali nicht kampflos das Feld verlassen. Er versuchte, die angefallenen Vollstreckungsgebühren herunterzuhandeln. Darauf ließ ich mich natürlich nicht ein, schließlich sind wir nicht auf einem arabischen Basar. Mittlerweile servierte Alis Schwester den heißen Tee im Glas.

Die Frau war einfach eine Augenweide. Ich konnte kaum meinen Blick von ihr lassen. Das hatten Ali und sein Kumpel bemerkt und fingen an, die Forderung zusammenzukratzen. Zuerst lagen einige Geldscheine auf dem Tisch, die der Forderung einigermaßen entsprachen. Ich hatte noch etwas Wechselgeld herauszugeben. Um es kurz zu schildern: Es wurde eine ständige Hin- und Herschieberei von Geldscheinen und Kleingeld. Zwischendurch wurde von der Schwester mit dem atemberaubenden Dekolletee und der waffenscheinpflichtigen Oberweite Tee nachgeschenkt.

Derart abgelenkt hatte ich die Geldwechselei etwas aus dem Blick verloren. Meine Augen starrten in eine andere Richtung. Dennoch kam die Angelegenheit zu einem guten Ende. Ich bedankte mich für den Tee und verabschiedete mich. In meinem Büro stellte ich danach fest, dass dieser Himmelhund von Ali exakt die 10,– DM Gebühren durch seine geschickte Wechselei unterschlagen hatte. Ich habe es sportlich gesehen und ihm den Triumph gegönnt. So ein Schlitzohr.

Die Zeiten ändern sich

Panta rhei heißt: »Alles fließt und nichts bleibt, es gibt nur ein einziges Werden und Wandeln« (Heraklit, altgriechischer Philosoph, 520–460 vor Christus).

An dieser Weisheit kommt auch die Zollverwaltung nicht vorbei. Es hatte sich seit dem Beginn meiner Vollstreckungstätigkeit einiges getan. Der Arbeitsanfall in der Vollstreckung stieg ständig, es kamen neue Kollegen für den Außendienst hinzu, und dann kam die Wende. Deutschland wurde eins. Etliche Kollegen und Kolleginnen wurden in die neuen Bundesländer abgeordnet, um den »Ossis« unsere Verwaltungsstrukturen beizubringen. Einige Jahre nach der Wende hat es mich auch erwischt.

Persönlich hat mich die Wende eigentlich wenig tangiert. Im September 1989 begannen die Eheleute Kaiser mit dem Bau eines Einfamilienhauses. Eines Tages hatte ich mich gewundert, als ein Elektrikergeselle auf unserem Bau erschien, der lupenreines Sächsisch sprach. Bis zu dem Zeitpunkt hatten wir nur Handwerker auf dem Bau aus der näheren Umgebung. Der junge Mann war kurz zuvor mit seiner Ehefrau und zwei kleinen Kindern über die Botschaft in Budapest geflohen. Er war, so wie er sagte, ganze sieben Tage arbeitslos gewesen, dann hatte ihn sein Chef aus einer Jugendherberge, die vorübergehend die Bleibe der Familie war, angeheuert.

Mit Beginn der Wende Anfang der 90er Jahre begann ein bis dahin nicht erwarteter Umbruch in Deutschland. Der Zaun und die Mauer waren Geschichte. Also mussten die DDR und die Bundesrepublik sich auch nicht mehr gegenseitig kontrollieren. An der innerdeutschen Grenze wurden die Grenzkontrollen abgeschafft und die Bediensteten in andere Bereiche der Zollverwaltung versetzt. Bei all der berechtigten Freude über die Wiedervereinigung beider deutschen Staaten gab es auch die Schattenseiten auf Seiten der Zöllner. Kollegen und Kolleginnen, die ihren Lebensmittelpunkt in der Nähe der Ostgrenze hatten, durften sich auf einen Umzug einstellen zur neuen, oft weit entfernten Arbeitsstelle. Kaum jemand konnte damit rechnen, dass eines Tages innerhalb kurzer Zeit die Grenze wegfällt und ein völlig neues Deutschland entsteht.

Nachdem die Wendezeit organisatorisch einigermaßen abgearbeitet worden war, begann im Jahre 1995 die Grenzöffnung an den Außengrenzen der EU. Aufgrund des Binnenmarkts fielen sämtliche innergemeinschaftlichen Zollkontrollen weg. Als das bekannt wurde, ging ein Hauen und Stechen an der Grenze los um die wenigen verbleibenden Planstellen. Die meisten Mitarbeiter und Mitarbeiterinnen verloren ihren Arbeitsplatz und wurden an andere Dienststellen, teilweise sehr entfernt von ihrem Wohnort, versetzt.

Wer hätte eine solche Entwicklung auch nur im Entferntesten ahnen können? Aber wie schon oben erwähnt: Nichts bleibt, wie es ist.

Eine sozialverträgliche Lösung musste her, um die Härte von Versetzungen abzufedern. Aus dem Grund wurde in Nordhorn eine große Vollstreckungsstelle geschaffen, die zuständig war für die komplette Zwangsvollstreckung der Hauptzollämter Osnabrück, Nordhorn, Oldenburg, Emden und später Bremen. Innendienst plus Außendienst wuchsen auf ca. einhundert Planstellen an. Die Kolleginnen und Kollegen, die von der Grenze abgezogen wurden und in der Vollstreckung ihre neue dienstliche Heimat finden sollten, hätten ihrem Chef am liebsten die Füße geküsst.

Unsere kleine und feine Vollstreckungsstelle in Osnabrück war also Geschichte. Ab 1993 wurde ich wieder zurückversetzt an das Hauptzollamt Nordhorn mit Dienstsitz in Osnabrück. Von der Tätigkeit her änderte sich allerdings nichts. Mein geliebter Außendienst blieb mir erhalten.

Abenteuerlustig und neugierig, wie ich nun einmal bin, hatte ich zwecks Unterstützung der Kollegen in den neuen Bundesländern einer Abordnung für drei Monate an das Hauptzollamt Cottbus zugestimmt. Am 9. Januar1995 trat ich die 540 Kilometer lange Reise Richtung Osten an. Morgens war es noch spiegelglatt auf den Straßen vom Eisregen der vergangenen Nacht. Aber wer Käfer fährt, schreckt vor nichts zurück, denn der schafft alles in allen Lebenslagen.

Allerdings war die erst Fahrt nach Cottbus kein Vergnügen. Die endlos scheinenden Autobahnbaustellen mit dem mittlerweile stark zugenommenen Straßenverkehr von Ost nach West und zurück ließ mich in diversen Staus praktisch verhungern. Welcher Teufel hat mich nur geritten, dass ich dieses Abenteuer begonnen hatte? Wenn ich wenigstens für einige Wochen hintereinander in Cottbus hätte bleiben können, wäre das ja nicht so schlimm mit der Fahrerei. Aber ich hatte Angelika versprochen, wenn ich die drei Monate Abordnung annehmen würde, käme ich jedes Wochenende nach Hause. Allein mit vier Kindern ist es natürlich nicht gerade einfach. Ach, das hatte ich noch gar nicht erwähnt. Bei uns ist es üblich, dass nach jedem Umzug auch ein Kind dazukam. Seit Mai 1992, als wir schon im neuen Haus wohnten, hat sich Lukas bei uns eingenistet. Da er zeitlich sehr hinter seinen drei älteren Geschwistern herhinkte, war und ist er auch heute noch der »Kleine Niedliche«. Obwohl er in unserer Familie der körperlich Größte und Kräftigste ist.

Mein Abenteuer in Cottbus

Nach einer schier endlos erscheinenden Reise mit meinem himmelblauen Käfer stellte ich mich auf drei Monate Vollstreckungsaußendienst in der Lausitz ein. Ich war in einer anderen Welt angekommen. Ein möbliertes, von der Dienststelle angemietetes Zimmer lag am entgegengesetzten Ende der Stadt zur Dienststelle. Als ich morgens mit meinem Käfer durch den Berufsverkehr Richtung Hauptzollamt fuhr, bekam ich leichte Erstickungsanfälle vom Gestank der Reng-teng-teng-reng-teng-teng-Trabbis. Dagegen war mein 74er Herbie die reinste Gesundheitsschaukel.

Als ich nach einem freundlichen Empfang bei der Dienststelle den Mitarbeiterinnen und Mitarbeitern vorgestellt wurde, merkte ich schon, dass hier ein anderer Wind wehte. Viele Kolleginnen und Kollegen begegneten mir mit Misstrauen nach dem Motto: Da kommt schon wieder ein »Wessi«, der uns zeigen will, was bei uns falsch läuft und wie die im Westen alles besser machen. Einige Westkollegen hatten zuvor, so wie mir berichtet wurde, einiges Porzellan zerschlagen. Mir war stets daran gelegen, auf Augenhöhe mit meinen Mitmenschen zu kommunizieren. Das hatten die Kollegen auch ziemlich schnell zur Kenntnis genommen. Mir ging es darum, die Menschen in den jeweiligen Lebenssituationen kennenzulernen. Egal ob es ein Kollege, eine Kollegin oder später im Außendienst die Vollstreckungsschuldner waren.

In den drei Monaten meiner Abordnung habe ich sehr viele wertvolle Erfahrungen sammeln können, die mir den Kosmos der Menschen im Osten nahegebracht haben. Dass der real existierende Sozialismus mit allen seinen Facetten nicht funktioniert hat, dafür konnten die meisten DDR-Bewohner nichts. Ihnen blieb ja schließlich nichts anderes übrig, als die Zustände anzunehmen und sich irgendwie durchzuwurschteln.

Schuldner hatte ich allerdings in kürzester Zeit eine Vielzahl in meinem Bestand. Mit meinen Aufträgen bereiste ich ein sehr großes Gebiet. Die Lausitz faszinierte mich. Endlose Straßen, gesäumt von dicken alten Bäumen, und die vielen Wälder und Seen im brandenburgischen Osten erfreuten mich.

Der Mangelwirtschaft des Ostens ist es zu verdanken, dass man in einigen Orten noch Spuren des letzten Krieges bewundern konnte. Mein

Dienstbezirk ging über einen großen Abschnitt an der polnischen Grenze entlang. Dazu gehörte unter anderem die Stadt Forst. Sie war vor dem Krieg eine prosperierende Tuchmacherstadt gewesen. Die Villen, die ich dort gesehen hatte, zeugen von frühem Wohlstand. Nach dem Krieg verfiel die Stadt allerdings. An vielen Gebäuden wurde nichts verändert, und der Zahn der Zeit nagte kräftig an ihnen. Die Dachrinnen, wenn überhaupt, waren nur noch in Fragmenten vorhanden. Einschusslöcher von MG-Salven waren gelegentlich an den Wänden noch zu sehen.

Allerdings war in den Orten eine große Bautätigkeit im Gange. Man merkte an vielen Stellen, dass der Aufbruch in eine neue Zeit Einzug gehalten hatte. Trotz aller Kritik an den Umständen der Wende fühlten sich die meisten Menschen wohl mit ihren derzeitigen Lebensumständen. Der alten DDR, so hatte ich es empfunden, weinte niemand nach.

Die Vietnamesen

In der DDR lebten und arbeiteten vor der Wende eine große Anzahl Vietnamesen. Es bestand zwischen der DDR und dem kommunistischen Teil Vietnams ein Freundschaftsabkommen, und deshalb wohnten nach der Wende noch etliche Arbeiter und Studenten im Osten.

Mit einigen Vietnamesen hatte ich dienstlich zu tun. Sie waren überwiegend von der Sozialhilfe abhängig und in ehemaligen Kasernen, die vor der Wende von russischen Soldaten genutzt wurden, untergebracht. Die zu vollstreckenden Forderungen bezogen sich zum größten Teil auf Tabaksteuern, Zölle und Einfuhrumsatzsteuern. Bei meinen Vollstreckungsversuchen habe ich die meisten Vietnamesen allerdings nicht angetroffen. Von der Leitung der Unterkünfte erfuhr ich, dass sie selten in der Kaserne anzutreffen seien. Sie waren nur an bestimmten Tagen anwesend, um ihre »Stütze« zu empfangen. In der anderen Zeit hielten sie sich meist in größeren Städten wie Berlin, Leipzig oder Dresden auf, um auf der Straße geschmuggelte Zigaretten zu verkaufen.

Bei Razzien der Zollfahndung wurden in den Unterkünften der Vietnamesen teilweise Banküberweisungsbelege über größere Summen an Empfänger in Vietnam gefunden. Das Geld konnten die Betroffenen unmöglich von der Sozialhilfe angespart haben. In der Regel verhielt es sich mit den Schmuggelgewinnen so, dass das Geld an eine Mafia in Vietnam überwiesen wurde. Die Schmuggler waren gezielt nach Deutschland geschleust worden, um durch illegale Geschäfte Geld zu verdienen, welches sie in ihrer Heimat Geldhaien zurückzahlen mussten. Wenn die mit weit überhöhten Zinsen belegten Kredite nicht bedient wurden, konnte die Familie des Kreditnehmers mit Repressalien rechnen. Die armen Straßenverkäufer taten mir leid.

Die Kasernen des russischen Militärs lagen ziemlich weitab von zivilen Ortschaften. Als ich an einem Wintermorgen eine solche Kaserne aufsuchen wollte, hatte es des Nachts reichlich geschneit. Eine endlos scheinende Allee, schnurgerade und sehr breit für die militärischen Fahrzeuge der Russen, war mit jungfräulichem Schnee bedeckt. Noch niemand hatte auch nur eine Spur hinterlassen. Das war die Chance, meinem Beifahrer Nachhilfe in Physik zu erteilen. Ich beschleunigte den Dienst-Corsa auf sportliche 120 km/h. Mein Kollege, den ich für Ausbildungszwecke als Beifahrer an meiner Seite hatte, meinte, ich würde doch bei der Glätte etwas zu schnell unterwegs sein. »Da kann doch nichts passieren. Schau mal, wenn du einem Gegenstand einen Anstoß auf gerader Fläche gibst, wird er ohne einen fremden Einfluss niemals seine Richtung ändern. Wenn ich nun das Lenkrad immer stur geradeaus halte, kann der Wagen niemals ausbrechen.« Die Demonstration hatte geklappt. Wir zogen über einige Kilometer eine stattliche Schneewolke hinter uns her. Es war ein himmlisches Vergnügen, für mich jedenfalls. Mein Beifahrer wurde in seinem Sitz immer kleiner. Allerdings möchte ich mir nicht vorstellen, welche Folgen die Aktion für mich gehabt hätte, wenn das Experiment schiefgegangen wäre.

Eines Tages im Hauptzollamt Cottbus. Um meine Reisekosten abzurechnen, hatte ich meine Unterlagen regelmäßig bei einem netten und hilfsbereiten Sachbearbeiter in der Personalsachbearbeitung einzureichen. Er war nicht anwesend. Eine Kollegin fragte ich, ob er Urlaub habe oder krank sei. Weder noch, antwortete sie, er ist nicht mehr bei uns. Der Grund war folgender: Der Mitarbeiter wurde fristlos entlassen, nachdem die Zollverwaltung Einblicke in seine Stasipersonalakte genommen hatte. Der Kollege hatte lange als inoffizieller Mitarbeiter für das Ministerium für Staatssicherheit gearbeitet. Frühere Stasispitzel wurden nach Aufdeckung fristlos entlassen. Das traf den Sachbearbeiter sehr hart. Schließlich war er schon Ende fünfzig. Höchstwahrscheinlich ist in so einer Situation ein neuer Arbeitsplatz nicht sehr leicht zu finden. Was aus ihm geworden ist, habe ich leider nie erfahren.

Die Zeit in Cottbus möchte ich nicht missen. In den drei Monaten habe ich vielerlei Erfahrungen gemacht und tolle Menschen kennengelernt, die in einem völlig anderen Lebensumfeld und in völlig anderen politischen Verhältnissen gelebt hatten. Und nach der Wende stand förmlich alles kopf. Sicher hat es viel Verdruss unter der Bevölkerung gegeben. Viele Versprechen seitens unserer Politiker wurden nicht eingelöst. Etliche Bürger der ehemaligen DDR wurden förmlich über den Tisch gezogen. Daher konnte ich es auch nachvollziehen, dass mir gelegentlich ein eisiger Wind entgegenwehte, wenn die Menschen gemerkt hatten, dass ich ein »Wessi« bin.

Meine Zimmervermieterin in Cottbus war eine Marke für sich. Die alte Dame hatte zwei Zimmer in ihrem Einfamilienhaus möbliert an den Zoll vermietet. Das Geld konnte sie sicher gut gebrauchen, denn ihre Rente war nicht üppig. Es verging jedoch kein Tag, an dem sie nicht auf den bösen kapitalistischen Westen schimpfte. Doch wie man richtig Kohle macht, hatte sie schnell raus. Die Zimmermiete, die die Zollverwaltung zahlte, war nicht von Pappe. Da die Dame wusste, dass ich von Freitag bis Montag nicht vor Ort war und frühestens montags gegen Abend wieder das Zimmer nutzen würde, hat sie den Raum kurzerhand ihren Enkelkindern überlassen, die gelegentlich zu Besuch waren. Da ich an einem Wochenende schon am Sonntag angereist war, kam sie in Erklärungsnot, weil mein Zimmer noch besetzt war. Das war schon sehr dreist.

Wie ging es weiter?

Cottbus war Geschichte für mich. Meinen Außendienst in Osnabrück nahm ich wieder auf in meinem alten Bezirk, den meine Kollegen hervorragend während meiner Abwesenheit betreut hatten. Immer neue Gläubiger ließen über den Zoll vollstrecken. Viele Betriebskrankenkassen, die wie Pilze aus dem Boden schossen, überhäuften uns mit Vollstreckungsersuchen. Dazu kam die Deutsche Rentenversicherung, für die wir tätig wurden und die Beiträge für die Minijobzentrale einzogen. Dadurch änderte sich auch die Klientel, mit der wir zu tun hatten. Wir hatten sehr viel mit Handwerksbetrieben, der Gastronomie, dem Dienstleistungsgewerbe und anderen zu tun. Darunter waren viele Schuldner, die zu »Dauerkunden« wurden. Hatten wir gerade einige aktuelle Vollstreckungsaufträge mit Zahlung erledigt, kamen oft Folgeaufträge. Dadurch lernte man viele Schuldner näher kennen. Man erfuhr viele Dinge aus deren beruflichem und privatem Leben. Für mich als dauerneugieriger VB öffnete sich natürlich ein riesiger Fundus an Informationen. Es ist schließlich nichts interessanter, als sich mit Menschen in Konfliktsituationen zu beschäftigen. Wer Schulden hat, den drückt auch an anderen Stellen der Schuh. Und wenn man genug Einfühlungsvermögen aufbringt und sich ein wenig Zeit für seine »Patienten« nimmt, erfährt man oft ungeheure Dinge.

Da geht es um Krankheiten, Eheprobleme, Existenzängste und alles, was rund um das persönliche Umfeld der Schuldner geschieht. So kann man sich ein umfangreiches Bild von Menschen machen.

Über einige spezielle Situationen möchte ich im folgenden Kapitel berichten:

Über Krankheiten

Eine Frau Mitte dreißig, selbstständig mit einem Taxiunternehmen. Es wurde bei ihr eine Krebserkrankung diagnostiziert. Das hielt den Ehemann jedoch nicht davon ab, seine Familie zu verlassen. Von da an war die Frau eine alleinerziehende Mutter mit drei Kindern. Den Taxibetrieb durfte sie ganz allein weiterführen.

Dass in dem Betrieb einiges buchhalterisch nicht ganz glatt lief, liegt auf der Hand. Gelegentliche Vollstreckungsaufträge wurden jedoch zuverlässig durch Zahlung erledigt. Die Frau hatte ein unvorstellbares Martyrium durch ihre Krankheit erlebt. In unregelmäßigen Abständen wurde sie operiert mit anschließender Chemotherapie und allen Vorsorgemaßnahmen. Ich habe aber noch nie einen Menschen erlebt, der einen so großen Lebenswillen an den Tag legte wie sie. Sie wollte auf Biegen und Brechen so lange leben, bis eines ihrer drei Kinder das Geschäft übernehmen konnte. Das hatte sie auch geschafft. Gott sei Dank hatte sie zuverlässige Freunde, die ihr über die schwere Zeit weghalfen. Eines Tages, ich hatte länger keine Aufträge gegen sie erhalten, sah ich die Taxen des Unternehmens mit einem schwarzen Trauerflor an den Antennen. Da wusste ich, ihr Leiden ist vorbei. Eine gewisse Trauer konnte ich nicht verbergen.

Einen anderen Fall von schwerer Krankheit konnte ich über längere Zeit verfolgen. Ein älteres Ehepaar hatte Probleme mit der Zahlung der Kfz-Steuer für ihren Pkw und ein Wohnmobil. Der Ehemann war an einem schweren Diabetes erkrankt. Wie so oft bei einer solchen Erkrankung fangen die Zehen mangels Durchblutung an abzusterben. Da ich über einen längeren Zeitraum gelegentlich bei den Leuten anklopfte, um die Steuerrückstände einzutreiben, konnte ich den Fortschritt der Krankheit verfolgen. Der Mann wurde immer leichter und kleiner. Die Krankheit war nicht mehr zu stoppen. Von Zeit zu Zeit wurden abgestorbene Teile seiner Beine operativ entfernt. Als ich ihn zum letzten Mal sah, saß er im Rollstuhl gänzlich ohne Beine. Das Einzige, was er noch perfekt konnte, war das Rauchen. Das war das einzige Vergnügen, das ihm noch geblieben war. Ich weiß nicht, ob er zurzeit noch raucht oder mittlerweile verstorben ist. Der Fall liegt schon einige Zeit zurück.

In einem anderen Fall hatte der Schuldner seine Krankheit hinter sich. Ich besuchte ihn eines Morgens mit einem Vollstreckungsauftrag. Er hatte anscheinend die ganze Familie zu Besuch. Nachdem ich geklingelt hatte, öffnete mir eine Familienangehörige, und ich stellte mich vor. Bei der Frage, ob der Schuldner zu Hause sei und ich ihn sprechen könne, bekam ich die Antwort: »Bitte kommen Sie herein, Herr ... ist da, sprechen können Sie ihn allerdings nicht.« Ich wurde ins Wohnzimmer gebeten. Den Schuldner konnte ich wirklich nicht sprechen. Er war in den frühen Morgenstunden verstorben. Ich bekundete mein Beileid und zog mich dezent zurück. Im Auto dachte ich: Na ja, für mich war es ein schnell erledigter Vollstreckungsauftrag. Die Angehörigen taten mir schon etwas leid. Die Ratlosigkeit in ihren Gesichtern sprach Bände.

Wenn ich neue Vollstreckungsaufträge erhalte, schaue ich zuerst nach der Anschrift des Schuldners, und danach interessiert mich das Geburtsdatum. Wenn im Auftrag das Alter der Schuldner die achtzig überschritten hat, frage ich in der Regel beim zuständigen Einwohnermeldeamt an, ob mein »Kunde« überhaupt noch lebt. Gelegentlich habe ich Glück, und der alte Mensch ist verstorben. Somit hat sich mein Einsatz erledigt.

Ein Fall von Demenz

Nicht alle sehr alten Menschen entziehen sich durch ihr Ableben der Vollstreckung. Manchmal darf man Opa oder Oma auch im Altenheim besuchen. Ich versuche stets, sehr rücksichtsvoll mit den alten Menschen umzugehen. In den meisten Fällen haben die Heimbewohner Betreuer, die allerdings nicht immer sehr zuverlässig arbeiten und unsere Vollstreckungsankündigungen nicht beachten, oder die Dokumente gehen im Heim verloren.

Zunächst frage ich bei der Heimleitung an, ob der Schuldner ansprechbar und aufnahmefähig sei. Oft wird dem Schuldner jedoch erspart, mich kennenzulernen. Bei einem Fall wurde mir mitgeteilt, dass ich den Schuldner gerne besuchen könne. Der freut sich jedes Mal, wenn ihn jemand besucht. Schnell merkt man jedoch, dass der Schuldner nicht mehr so ganz in der Gegenwart lebt. Da kommen dann so Anmerkungen wie: »Ich warte auf meine Eltern, die mich gleich abholen zu einem Ausflug.« Dann weiß der umsichtige VB Bescheid und tritt den Rückzug an.

Über Schlitzohren, Lebenskünstler, Hochstapler, Schwerverbrecher und liebenswerte Menschen

Eine Autovertretung mit Werkstatt im Landkreis. Der Inhaber liegt finanziell in den letzten Zügen. Bis zur Insolvenz ist es nur noch ein kleiner Schritt. So kam es auch. Der Betrieb wurde »abgewickelt« und lag einige Zeit brach. Der Inhaber hatte sich aus dem Staub gemacht. Die Ehefrau kam irgendwann auf den Plan und brachte einen Interessenten für den maroden Laden mit. Kein Problem, der umtriebige Mann wollte den Geschäftsbetrieb wieder zu neuem Leben erwecken. Selbst hatte er bereits eine Insolvenz hinter sich. Neues Spiel, neues Glück, dachte er sich und stürzte sich in das nächste Abenteuer einer selbstständigen Tätigkeit. Er hatte nicht nur den maroden Betrieb, sondern gleich die Ehefrau des ehemaligen Inhabers mit übernommen.

Als der Laden einigermaßen lief, trennte er sich von seiner Geliebten. Ob er sie rausgeworfen hatte oder sie freiwillig das Weite suchte, ist nicht bekannt. Umtriebig wie er war, blieb er natürlich nicht lange allein. Plötzlich stand ihm eine Witwe, die altersmäßig gut zu ihm passte, zur Seite.

Es dauerte nicht lange, da bekam ich die ersten Vollstreckungsaufträge gegen den neuen Inhaber. Beim ersten Besuch staunte ich nicht schlecht. Da stand ich vor Herrn R., einem Unternehmer aus der Umgebung meiner früheren Dienststelle an der niederländischen Grenze, den ich schon vor über zwanzig Jahren beim Zollamt abgefertigt hatte. Es war ein interessantes Wiedersehen. Wir sollten von jetzt an dienstlich über einige Jahre fest verbandelt sein. Es gab keinen Monat, in dem ich nicht ein bis drei Vollstreckungsaufträge dort zu erledigen hatte. Die wurden auch stets mit einer Barzahlung an mich erledigt. Egal, ob es die Krankenkassen- oder Berufsgenossenschaftsbeiträge waren. Für den Geschäftsmann war es scheinbar ganz normal, dass ausstehende Zahlungen erst beglichen wurden, wenn der Vollstrecker vor der Tür stand.

Da es stets bei meinen Besuchen Kaffee bis zum Abwinken gab und wir alte Geschichten

»von früher« erzählten, bekam ich nach und nach Einblicke in seine Geschäfte. Er besaß neben der Werkstatt mit zwei Angestellten zwei Lkw, die in ganz Europa unterwegs waren, um Reimportwagen nach Deutschland zu transportieren. R. telefonierte sich die Finger wund, um überwiegend VW Polo, Golf und Passat aus Frankreich, Spanien, Italien, Griechenland und Dänemark zu importieren. Das war scheinbar ein lohnendes Geschäft, denn die Fahrzeuge wurden im europäischen Ausland zu sehr viel besseren Konditionen eingekauft, als sie in Deutschland auf den Markt kamen.

Angeblich lief der Handel mit Reimportwagen wie geschmiert. Mich wunderte nur, dass er es nicht schaffte, seinen Zahlungsverpflichtungen nachzukommen. Ich war sozusagen sein Dauerkunde. Das machte mir nichts aus, denn die Aufträge erledigte ich stets mit Barzahlung. Allerdings war R. ein Lebemann. Er sammelte Oldtimer, kaufte eine Luxusvilla und gründete im Osten der Republik eine Zweigstelle. Von außen betrachtet sah es so aus, als ob er das Geld mit der Schiebkarre ins Haus fahren würde.

Und großzügig war der Mann. Als ich einmal meinen Pkw in der Werkstatt zu einer kleinen Reparatur hatte, durfte ich an dem Tag ein Auto aus seiner Werkstatt nutzen. Allerdings hatten die Angestellten nicht aufgepasst und den mir versprochenen Kleinwagen an jemand anderen vergeben. Doch R. gab mir wie selbstverständlich seinen »Zweitwagen« mit, den er an dem Tag nicht benötigte, einen Mercedes-Benz 560 SEL. Donnerwetter. Das war ein Vergnügen. Meine Schuldner staunten nicht schlecht, als ich mit einer solchen Luxusschüssel vorfuhr. Allerdings staunte ich nicht schlecht, als ich den Wagen zurückgab. Schließlich hatte ich zur Auflage, ein vollgetanktes Auto abzuliefern. Der Benzinverbrauch war nicht zu vergleichen mit meinem Kfz.

Allerdings brachte R. bei jeder sich bietenden Gelegenheit seine Krankheit ins Gespräch. Er litt angeblich unter einer schweren Lungenkrankheit, die ihn früher oder später das Leben kosten könnte. Das merkte man ihm zwar nicht an, aber er konnte sich, wenn es nötig war, sehr gut verstellen. Wenn es zu stressig wurde, bekam er Luftnot. Aber oft nur dann, wenn ihm das Finanzamt auf die Füße trat, denn mit dieser Behörde lag er im Dauerclinch. Die Zahlung von Steuern passte nicht in sein Konzept. Er war der Auffassung, dass die Finanzbehörde genug Geld aus seinem früheren Unternehmen kassiert hätte.

Zu der Zeit meiner Besuche bei R. fuhr ich einen alten Mercedes-Benz 190 E. Den Wagen benutzte ich seit einem Jahr für meine dienstlichen Reisen, als R. mir einen tollen Benz E 200 vorstellte. Den Wagen hatte er soeben in Zahlung genommen und bot ihn mir an. Autoaffin wie ich nun einmal bin, schaute ich mir den Wagen natürlich an. Silbermetallic, Automatikgetriebe, Elegance-Ausstattung und LPG-Autogasanlage. 164.000 km auf dem Tacho, sehr gepflegt. Könnte mir gefallen. R. würde ihn mir für 7.000,– € überlassen. Für den 190er sollte ich 2.000,– € erhalten.

Neee, wiegelte ich ab. Wenn ich den kaufe, gibt's Ärger zu Hause. »Nehmen Sie ihn doch einmal mit und zeigen ihn Ihrer Frau«, schlug R. vor. Gegen eine Probefahrt war eigentlich nichts einzuwenden. Auf dem Weg nach Hause begann ich mich für den Wagen zu erwärmen, obwohl ich vorher schon wusste, dass Angelika »nein« sagen würde, und das ganz deutlich. Und so kam es auch. Sie sah das Auto und winkte sofort ab. »Silbermetallic und Automatik. Du spinnst wohl. Fehlen nur noch die gehäkelte Klorolle und der Wackeldackel auf der Hutablage. Das ist doch nicht dein Ernst.«

Schade, dachte ich, wäre toll gewesen. Am nächsten Tag brachte ich den Benz zurück und hätte gerne den 190er wieder mitgenommen. Der war allerdings weg. »Wo ist mein Auto?«, fragte ich. »Den habe ich schon weiterverkauft«, sagte mir R. Das ist ein Scherz, dachte ich, das kann der doch nicht machen. Er konnte. Wie verhält man sich in so einem Fall? Ich natürlich total falsch. Ich behielt den E 200.

Zu Hause war zunächst der Teufel los. Erschwerend kam hinzu, dass wir kurze Zeit später unsere Silberhochzeit feiern wollten. Da kam ein Autokauf eigentlich finanziell recht ungelegen. Nun denn, wir haben das Auto gefahren. Nein, nicht wir, ich. Angelika weigerte sich vehement, sich ans Steuer des Wagens zu setzen. Sie hatte auch die ganze Zeit, in der wir das Fahrzeug besaßen, nicht ein gutes Wort darüber verloren.

Schwierig war es gelegentlich für mich, wenn wir eingeladen waren. Stets musste ich zurückfahren und durfte auf Feiern keinen Alkohol trinken. Das war die Rache meiner Frau, denn sie weigerte sich beharrlich, den Benz zu fahren.

Die Geschichte um R. ist jedoch noch nicht zu Ende. Er bekam im Laufe der Zeit immer größere Probleme. Das Finanzamt machte ihm das Leben schwer, denn mit der Steuerehrlichkeit war es nicht zum Besten bei ihm bestellt. Wenn die Finanzbehörde drohte, seinen Laden dichtzumachen, meldete er einfach sein Unternehmen ab, besorgte sich einen sogenannten Strohmann, der die Geschäfte auf seinen Namen betrieb, und schon war er aus dem Schneider. Das meinte er jedenfalls. Seine Leute, die natürlich für alle Geschäftsgebaren hafteten, waren nur Marionetten. Die eigentlichen Geschäfte führte R. immer noch selber.

Wer kennt nicht das Sprichwort »Wenn es dem Esel zu wohl wird, geht er aufs Eis«? So ging es Herrn R. auch. Er stellte eines Tages eine Reinigungskraft aus Südosteuropa ein, die er angeblich wegen ihrer Intelligenz nach einiger Zeit geschult hatte, Autos nach Osteuropa zu verhökern. Es blieb jedoch nicht beim bloßen Arbeitsverhältnis, sie war nach einiger Zeit auch seine Geliebte. Wie er das trotz seiner angeblichen Lungenkrankheit geregelt bekam, versetzte selbst seine Angestellten ins Staunen. Obwohl sie im Laufe der Jahre von ihrem Chef doch einiges gewohnt waren. Erstaunlich war, wie eine junge hübsche Frau einen alten kränkelnden Mann quasi über Nacht heilen konnte. Ärzte hatten es jedenfalls nicht geschafft. Es geschehen auch heute noch Wunder. Die Liaison ging so weit, dass er sogar bei ihr einzog. Zurück blieb die gekränkte Ehefrau.

Bekanntlich mahlen Behördenmühlen langsam, dafür aber gründlich. Eines Tages besuchte ich Herrn R. dienstlich. Er war nicht wie üblich in seinem Büro. Stattdessen hielten sich dort, wie auch in der Werkstatt und den privaten Räumen, einige emsige Männer auf, die alles, was nicht niet- und nagelfest war, in ihre Obhut nahmen. Die Steuerfahndung aus Oldenburg war dort aufgetaucht, um sämtliche Unterlagen der

Firma zu beschlagnahmen. Außerdem lag von der Staatsanwaltschaft ein Haftbefehl gegen R. vor, der nun vollstreckt werden sollte.

Eigentlich hätte die Steuerfahndung R. sofort einer JVA zuführen müssen. Doch der Mann war mit allen Wassern gewaschen. Er mimte in seiner Wohnung den »Sterbenden Schwan«. Ein theatralischer Schwächeanfall ließ ihn als haftunfähig erscheinen. Schließlich hatte er ein ärztliches Attest über seine Haftunfähigkeit. Die Steuerfahndung zog nach gründlicher Arbeit mitsamt allen Unterlagen ab. R. wurde umgehend notärztlich versorgt. Die Haft blieb ihm – wieder einmal – erspart.

Am selben Nachmittag kam R. in die nun fast geräumten Büroräume und fragte ganz vorsichtig. »Sind sie weg?« Als die Luft rein war, setzte er sich fröhlich pfeifend auf sein Fahrrad und fuhr mit seinem kleinen Hund im Wald spazieren.

Fazit der Steuerfahndungsaktion war, dass R. vorgeworfen wurde, Steuern in Höhe von zwölf bis vierzehn Millionen Euro hinterzogen zu haben. Angeblich hatte er über Jahre für seine Importgeschäfte die Umsatzsteuer nicht abgeführt. Na ja, das kann einem Geschäftsmann mal passieren. Für R. war die ganze Angelegenheit lediglich ein Kavaliersdelikt.

Schlimm an der Situation ist nur, dass er durch

seine Machenschaften die Mitarbeiter, die als Strohleute missbraucht worden waren, in die ganze Geschichte mit hineingezogen hatte. Außerdem fehlt ihm jegliches Unrechtsbewusstsein. Von Reue keine Spur. Noch immer strahlt er ein Selbstbewusstsein aus, das seinesgleichen sucht.

Aufgrund der aktuellen Situation merkte auch seine südosteuropäische Gespielin, dass es besser wäre, den Rückzug anzutreten und sich von R. zu trennen. Das war dann auch so. Er stand eines Tages auf der Straße und rief seine Ehefrau an, die ihn doch bitte umgehend abholen möge, denn er wäre sonst obdachlos. Diese war zu Tränen gerührt, brauste mit dem Auto davon und holte ihren geliebten Fremdgänger ab.

Das Ende der Geschichte ist, dass R. sich dezent aus der Region verabschiedete und sich in der Ferne ein neues Domizil einrichtete. Allerdings musste wieder ein Strohmann her, der den Namen für eine neue Firma hergab. »Stumpf ist Trumpf.« Mehr kann man dazu nicht sagen. Übrigens, R. ist bis heute, soweit ich weiß, nie hinter schwedischen Gardinen gelandet.

Unternehmergeist

Ein weiteres Kapitel aus meiner Vollstrecker-
tätigkeit füllt Herr K. Viele Jahre habe ich die
schillernde Figur mit meinen dienstlichen Aufträgen begleitet. Wie alle Vollstreckungsversuche fängt alles recht harmlos an. Dass mit den
Finanzen von Herrn K. einiges im Argen lag,
wusste ich von einem Kollegen, der den Bezirk
dort an mich abgetreten hatte. Herr K. führte
ein Geflecht von vier GmbHs aus dem Bereich
Softwareentwicklung. Wegen einer angeblich
vorübergehenden Flaute kam es zu Liquidita-
tionsproblemen. Doch die sollten in naher Zukunft behoben sein, versicherte mir Herr K. Er
bat, die ausstehenden Sozialversicherungsbeiträge in angemessenen Raten zahlen zu dürfen.
Die Beträge, die ich beizutreiben hatte, hielten
sich noch im Rahmen. Ein Insolvenzantrag beim
Amtsgericht lag noch in weiter Ferne. Großzügig, wie ich nun einmal bin, willigte ich in
den Vorschlag von Herr K. ein und vereinbarte
mit ihm eine Ratenzahlung.

Wie so oft zog sich die Einziehung der Sozialversicherungsbeiträge länger hin als erwartet.

Wenn man schon einen gewissen Kontakt mit den Schuldnern aufgebaut hat und man recht gut mit ihnen zurechtkommt, dann ist es oft schwierig, die Reißleine zu ziehen und mit einer fruchtlosen Pfändung das Ende der Firma einzuläuten. Meistens folgt dann nämlich der Insolvenzantrag beim Amtsgericht.

Im Laufe der Zeit hatte sich zwischen mir und Herrn K. bereits ein vertrauensvolles Verhältnis entwickelt. Herr K. hatte nicht nur mich, sondern auch den zuständigen Gerichtsvollzieher turnusmäßig zu Besuch. Auf der Anrichte in seiner Küche hatte er bereits Kaffeetassen für uns reserviert. Eine Tasse mit einem großen W (sein Vorname begann so) für ihn, eine für E, den Gerichtsvollzieher, und eine Tasse für mich mit einem K darauf. Ist das nicht eine Ehre für Vollstrecker, wenn man schon seine eigene Kaffeetasse beim Schuldner im Büro stehen hat? Der Vollstrecker von der Finanzbehörde hatte keine Kaffeetasse bekommen.

Herr K. hatte neben seiner Vorliebe für alte Autos ein weiteres Hobby. Das war der Dauerclinch mit der Finanzbehörde. Zwischen dem örtlichen Dienststellenleiter und Herrn K. bestand regelrecht eine Hassliebe. Der Schriftverkehr mit diversen Vereinbarungen zwischen Amt und Firma füllt Bände. Es gehören schon Nerven wie Drahtseile dazu, den Stress ohne ein

Anzeichen von Nervosität und schlaflosen Nächten zu überstehen. Und das über einen sehr langen Zeitraum.

Im Unternehmen des Herrn K. war der Buchhalter für die Finanzen zuständig. Regelmäßig, wenn ich dort auftauchte und Geld haben wollte, brüllte Herr K. durchs ganze Haus zum Buchhalter rüber: »Herr S., wie viel Geld haben wir, um den Wegelagerer vom Zoll endlich loszuwerden?« Meist kam die Antwort: »Nichts.« Ich bekam dann meist doch den einen oder anderen Scheck, der in der Regel auch eingelöst wurde.

Die Harmonie zwischen Buchhalter und Chef hatte im Laufe der Zeit allerdings etwas gelitten. Wahrscheinlich konnte es Herr S. nicht mehr verantworten, die Bücher ständig zu »schönen«. Herr K. traute sich allerdings nicht, seine rechte Hand im Betrieb zu entlassen. Er hatte, so wie er zugab, zu viele »Leichen im Keller«. Allerdings ging Herr S. eines Tages freiwillig. Der neue Buchhalter wurde nicht festangestellt und arbeitete nur auf Honorarbasis.

Herr K., Liebhaber des komfortablen Lebens, nahm keinerlei Rücksicht auf die finanzielle Schieflage in seinem Unternehmen. Er genoss die Ausfahrten in seinem Mercedes-Benz SL Roadster. Natürlich war er Clubmitglied in einem elitären Verein. Ein Benz im Stall reichte ihm nicht, er hatte noch einen zweiten SL jüngeren Datums. Einen wunderschönen Jaguar E-Type aus dem Jahr 1974 musste er irgendwann schweren Herzens verkaufen, weil ihm doch zwischendurch das Wasser bis zum Hals stand.

Wenn Herr K. auf Geschäftsreise ging, bedurfte es natürlich eines adäquaten Untersatzes. Eines Tages lud er mich ein, sein neues Geschäftsfahrzeug in Augenschein zu nehmen, inklusive Probefahrt. Ich staunte nicht schlecht. Er holte einen funkelnagelneuen Cadillac aus der Garage. Eine Riesenkiste mit zehn Zylindern und Hubraum ohne Ende. Natürlich lief alles über Firmenleasing.

Auch privat bevorzugte Herr K. den Luxus. Ich durfte einmal sein Wohnzimmer betreten. Dort auf dem Tisch stand eine Holzkiste mit von ihm importierten sündhaft teuren Havanna-Zigarren. Er beklagte sich bei mir über die Zolldienststelle. Wenn er seine importierten Zigarren dort zwecks Zahlung der Zollgebühren abholen wollte, schimpfte er stets über die »lahmarschigen« Beamten, die ihn wohl zu lange warten ließen.

Das Interessanteste in seinem Wintergarten war allerdings ein riesiges Regal, bestimmt acht bis neun Quadratmeter groß, das sich bis zum Dachfenster erstreckte. Dort hatte Herr K. schön säuberlich eine Sammlung von Nachttöpfen aufgeschichtet. Aus der ganzen Welt stapelten sich die Exponate. Aus China mit Goldverzierungen, ähnlich verziert wie Vasen aus der Ming-Dynastie. Es gab einige aus Metall, aus Keramik, aus Glas. Wer so etwas sammelt, muss schon etwas neben der Spur sein.

Interessant waren meine Besuche, wenn ich das Büro des Buchhalters betrat. Dieser rief ins Obergeschoss nach seinem Chef und kündigte meinen Besuch an. Der wiederum schrie zurück: »Was will der denn schon wieder hier? Schmeiß den Kaiser raus, hier gibt's nichts zu holen.« Ich ließ mich natürlich nicht abwimmeln und tastete mich langsam in das Obergeschoss, in die Höhle des Löwen, vor. »Du bist auch wieder lästig wie eine Scheißhausfliege«, kam von Herrn K. »Dafür werde ich bezahlt«, konterte ich. »Willste 'nen Kaffee?« war dann das versöhnliche Angebot. Es war einfach herrlich, mit solchen Leuten in der Zwangsvollstreckung zu tun zu haben.

Eines schönen Vormittags teilte mir Herr K. mit, dass wir den nächsten Termin erst in vierzehn Tagen vereinbaren könnten. Er müsse ins Krankenhaus, um sein Herz wieder auf Vordermann bringen zu lassen. Ich will noch erwähnen, dass Herr K. ganz und gar nicht gesund war. Ein schwerer Fall von Diabetes aufgrund des ausschweifenden Lebenswandels setzte ihm schwer zu. Übergewichtig war er sowieso, und der langjährige Bewegungsmangel tat sein Übriges.

Den nächsten Termin nach dem medizinischen Eingriff nahm ich wie vereinbart wahr. Herr K. war jedoch nicht anwesend. Er kam nie wieder, denn er hatte während des Eingriffs das Zeitliche gesegnet. Schade eigentlich, denn er war einer meiner Lieblingsschuldner. Im Anschluss wurde das Unternehmen abgewickelt. Leider habe ich nicht ermitteln können, wo die Nachttöpfe abgeblieben sind.

Begegnungen mit Kriminellen

Die Begegnungen mit Menschen unterschiedlicher sozialer Herkunft war ich nach langjähriger Vollstreckungsarbeit gewöhnt. Allerdings hatte ich mit Mördern noch nichts zu tun gehabt. Schwerstkriminelle kennt man üblicherweise nur aus dem Fernsehen und aus der Presse. In der Regel möchte man mit solchen Subjekten keinen Kontakt haben. Ich hatte vor einigen Jahren jedoch in zwei Fällen das Vergnügen.

Im ersten Fall ging es um einen Mann im Alter von 66 Jahren. Er hatte Rückstände bei der Bundesagentur für Arbeit, die ich beizutreiben beauftragt worden war. Von seiner Vergangenheit wusste ich bis zu dem Zeitpunkt noch nichts. Im Laufe unseres Gespräches kamen immer mehr Details über seine bewegte Vergangenheit zutage.

Der Mann hatte keine gute Kindheit und Jugendzeit verbracht. Ohne Elternhaus wuchs er in verschiedenen Kinderheimen und Jugendeinrichtungen auf. Schon früh fiel er durch kriminelle Handlungen auf. Es begann mit kleineren Eigentumsdelikten und steigerte sich im zunehmenden Alter auf Raub, Einbruchdiebstähle, Körperverletzung usw. Im jungen Erwachsenenalter hatte mein Schuldner schon diverse Haftanstalten von innen bewundern können. Die Krönung seiner kriminellen Laufbahn bildete ein Mord an einer jungen Frau. Für diese Straftat bekam er in einem Indizienprozess eine langjährige Haftstrafe, die er bei guter Führung nach dem Erlass einer Reststrafe vorzeitig beenden durfte.

In seinem Leben hatte er, wie er mir mitteilte, mehr als 23 Jahre in unterschiedlichen Justizvollzugsanstalten einiger Bundesländer eingesessen. Das war etwas weniger als ein Drittel seines Lebens. Nun hatte er eine Frau kennengelernt und geheiratet. Beruflich war er als Kraftfahrer im Nahverkehr tätig. Sein Leben hatte endlich eine Struktur erhalten und war durch seine Heirat in die richtige Bahn gelenkt worden.

Auf meine Frage, ob er noch arbeiten müsse, da er doch bereits im Rentenalter sei, sagte er mir: »Ich muss arbeiten, bis ich nicht mehr kann. Meine Rente ist zu gering, wenn ich jetzt aufhöre. Ich habe bei den Beitragszahlungen zu oft gefehlt.« Er schien seine Situation mit Humor zu nehmen.

Der Mann erzählte mir ganz frei über seine

kriminelle Vergangenheit. Interessant war der Fall mit dem Indizienprozess wegen einer verschwundenen Frau. Er hatte vor vielen Jahren nach Absitzen einer Haftstrafe eine Arbeit gefunden in Süddeutschland. An seinem Geburtstag hatte er bereits mit einigen Arbeitskollegen schon vorgefeiert und etwas alkoholisiert den Heimweg angetreten. Zufällig feierte an dem Wochenende in seinem Wohnort der Schützenverein sein jährliches Schützenfest. Dort traf er einige seiner Bekannten, die er wegen seines Geburtstages zu einem »kleinen« Umtrunk einlud. Seinen Geburtstag wollte er eigentlich zu Hause feiern. Dazu kam es allerdings nicht, denn er war auf dem Schützenfest aufgrund übermäßigen Alkoholkonsums nicht mehr ganz zurechnungsfähig.

Am späten Abend trat er den Heimweg an. In Begleitung hatte er eine bekannte Frau, die ihn wahrscheinlich sicher an seiner Wohnung abliefern wollte, denn sein Alkoholpegel war enorm hoch. Zeugen hatten anschließend berichtet, ihn mit der Frau gesehen zu haben, als die beiden den Festplatz verließen. Mein Schuldner wurde am Tag danach von der Polizei geweckt und nach der Frau in seiner Begleitung gefragt. Diese war nämlich des Nachts nicht an ihrer Wohnung angekommen. Sie war verschwunden und blieb es auch. Die Polizei hatte versucht, den Weg der beiden zu rekonstruieren und alles abzusuchen. Es wurde vermutet, dass der Mann die Frau in der Nacht umgebracht und irgendwo entsorgt haben müsse. Der Mann konnte mangels Erinnerungsvermögen jedoch nichts zur Aufklärung beitragen. Sogar das örtliche Klärwerk wurde auf Anordnung der Staatsanwaltschaft leergepumpt, weil die Vermutung nahelag, dass dort eventuell die Leiche der Frau zu finden sei. Allerdings ohne Erfolg.

Mein Schuldner wurde nach langer Ermittlung aufgrund von Indizien wegen Mordes zu einer langjährigen Haftstrafe verurteilt. Er erzählte mir die Geschichte vollkommen ungerührt, teilweise in einem lustigen Tonfall. Selbst die vielen Aufenthalte in den Haftanstalten hatten keine negativen Spuren bei ihm hinterlassen. Er wolle zwar keine Straftaten mehr begehen, dazu sei er nun zu alt, sagte er mir. Allerdings würde er vor einem Kapitalverbrechen nicht zurückschrecken, wenn es ihm einmal sehr schlecht gehen sollte.

Wie er das meinte, hatte ich ihn gefragt. Er hatte bereits einen Plan in der Tasche. Nämlich einen Banküberfall zu begehen, bei dem er erwischt würde. Dann käme er in den Knast und hätte dann für sich ausgesorgt. Dort hat man ein Dach über dem Kopf, ein warmes Zimmer, Gleichgesinnte, mit denen man seine freie Zeit verbringen würde, und die Justiz hätte auch immer genug Kartoffeln im Keller, damit er nicht zu hungern bräuchte.

Solche Gedankengänge kann man auch nur haben, wenn man nicht unbedingt auf der Sonnenseite des Lebens steht.

Eine Meinungsver-
schiedenheit

Ein Mann mittleren Alters, der in einer sehr pre-
kären Umgebung lebte und seinen Lebensunterhalt durch Gelegenheitsarbeiten bestritt, erzählte
mir seine verkorkste Vergangenheit. Im Laufe
der Unterhaltung stellte ich fest, dass er erstens
nicht auf der Sonnenseite des Lebens geboren
worden war und zweitens nicht gerade den Anschein erweckte, mindestens einen Hauptschul-
abschluss zu besitzen.

Der Schuldner hatte eine Haftstrafe abgesessen
wegen einer Meinungsverschiedenheit, so wie er
mir berichtete. Das solle er mir einmal erläutern,
bat ich ihn. Folgendes hatte sich zugetragen.
Er und einige seiner Zechkumpane hatten
sich zu einem »Meeting« verabredet. Im Laufe
der Unterhaltungen, die mit zunehmendem
Alkoholgenuss immer lauter wurden, tauschte
man irgendwann die Argumente nicht mehr
verbal aus. Es muss in der Runde richtig rund-
gegangen sein. Mein Schuldner war von seiner
Meinung absolut überzeugt und konnte nicht

verstehen, dass einer seiner Kumpel eine komplett andere Sicht der Dinge hatte. Um seinen Argumenten Nachdruck zu verleihen, hatte der Mann mit einer stabilen Dachlatte so lange auf den Kopf seines Kontrahenten eingedroschen, bis dieser vor Ort verstarb.

Eine Vertuschung der Straftat schlug fehl, und der Prügelknabe wurde rechtskräftig zu einer mehrjährigen Haftstrafe verurteilt. Mir ist noch gut in Erinnerung, als der Mann mir ohne Empathie mitteilte, dass er nur im Knast gesessen hatte, weil er einmal etwas kräftiger seine Meinung vertreten hatte.

Ungewöhnliche Zahlungsmethoden

Zwischendurch gibt es in der Vollstreckungstätigkeit auch Aufträge, die schnell und ohne großen bürokratischen Aufwand erledigt werden können. So war es mit einer Fahrschule. Den Inhaber kannte ich sehr lange, da es in unregelmäßigen Abständen zu finanziellen Engpässen in seinem Unternehmen kam. Manchmal konnte er seinen Verpflichtungen nicht nachkommen, weil die Finanzbehörde sein Konto gepfändet hatte. Dann liefen alle Zahlungen nur in bar an mich ab. Mit meinem Kollegen im Innendienst hatte ich die Vereinbarung, dass er mir aktuelle Aufträge direkt zusenden möge. Der Umweg über eine schriftliche Vollstreckungsankündigung wurde umgangen. Der Schuldner hätte sowieso so lange gewartet, bis ich den Vollstreckungsauftrag erhalten und ihn dann aufgesucht hätte. Dann wäre wertvolle Zeit verstrichen.

Telefonisch hatte ich dem Schuldner meine Forderung mitgeteilt und einen Tag der Geldübergabe vereinbart. Kam der Tag, brauchte ich dem Fahrlehrer nur per SMS eine Nachricht in Form von »Wann, wo, wie viel?? zu senden. Umgehend bekam ich eine SMS zurück mit dem Hinweis: »13:00 Uhr, Minigolfplatz, 2.000,– € für DAK.« Und das hatte jedes Mal geklappt. Pünktlich erschien der Herr mit einem Fahrschulwagen, hielt neben mir, gab mir das Geld, ich händigte ihm die Quittung aus, und er verschwand wieder. So etwas funktioniert nur, wenn man seinen Bezirk und seine Pappenheimer genau kennt.

Zur Abwechslung einmal etwas, das nicht mit Schuldnern zu tun hat. Dass ich ein leidenschaftlicher Autofahrer bin, hatte ich zuvor bereits beschrieben. Der flinke Gasfuß wurde mir im Laufe des Außendienstes des Öfteren zum Verhängnis. Sprich, die Radarkontrolleure hatten es an bestimmten Tagen einzig und allein auf mich abgesehen. Wenn ich das Geld noch in der Tasche hätte, das mir durch Bußgelder abhandenkam, dann könnte ich mir heute sicher einen Kurzurlaub mit Angelika finanzieren. Die gelegentlichen kleineren Geschwindigkeitsüberschreitungen, die nicht ganz so teuer waren wie die, mit denen sich in Flensburg das Punktekonto füllte, kann ich gar nicht mehr aufzählen.

Der gravierendste Fall spielte sich im Jahr 2016 ab. Im Januar fuhr ich mit meinem wunderbaren Volvo V70 Diesel, der mit seinen 163 PS sehr zügig gefahren werden wollte, morgens in den Außendienst im Landkreis. Am wohlsten fühlte er sich jenseits der 180 km/h auf der Autobahn, linke Spur. Nicht weit von zu Hause gibt es eine wunderbare Allee mit einigen Kurven. Die gesamte Länge der Allee, so ca. vier bis fünf Kilometer, war begrenzt mit der Höchstgeschwindigkeit von 70 km/h. Die Straße mochte ich gerne fahren, am liebsten zügig. Der Blitz einer mobilen Radaranlage blieb nicht aus. Beim Blick auf den Tacho wusste ich: Das gibt mindestens einen Punkt. Und so bekam ich einige Zeit später die Quittung für zügiges Fahren. Abzüglich der Toleranz des Messgerätes kam ich auf 105 km/h. Das Bußgeld in Höhe von knapp 200,– € wurde überwiesen und fehlte natürlich Angelika in der Haushaltskasse. Die Zeit danach fuhr ich etwas verhaltener.

Ich weiß seit 2016, was ein Déjà-vu ist. Nämlich eine Begebenheit, die schon früher einmal stattgefunden hat und sich wiederholt. Ende November, nur vier Wochen vor Ablauf der einjährigen Bewährungsfrist, fuhr ich wieder einmal meine Lieblingsstrecken im Landkreis mit der schönen Allee. Fast um die gleiche Uhrzeit rasselte ich erneut in die gleiche mobile Radarfalle wie im Januar. Und das noch mit der gleichen Geschwindigkeit wie damals. Das muss mir erst einmal jemand nachmachen.

Getreu dem Motto »Wer nicht hören will muss fühlen« gab es richtig eins auf den Deckel. Ein saftiges Bußgeld, die üblichen Punkte in Flensburg und natürlich ein vierwöchiges Fahrverbot. Meinen geliebten Führerschein durfte ich beim Landkreis abgeben und sehen, wie ich ab da ohne »Lappen« zurechtkomme.

Zu Hause hing der Haussegen schief. Wieso auch nicht, es war ja nicht das erste Mal. Das kriege ich hin mit der Fahrerei. Angelika hatte für vier Wochen alle privaten Fahrten übernommen. Ihr blieb schließlich nichts anderes übrig. Das Problem mit den Dienstfahrten musste geklärt werden. Zwei Wochen von den vieren hatte ich Urlaub genommen. Die nächsten zwei Wochen, und da muss ich meinen Dienstvorgesetzten einmal loben, habe ich wie folgt geregelt.

Eine Woche begleitete mich Kollegin Peggy aus der Kraftfahrzeugsteuerstelle. Sie fuhr den Volvo (endlich mal ein vernünftiges Auto), und ich saß daneben und hatte ihr gesagt, wohin ich möchte. Das Ganze lief unter »Praktikum im Außendienst«. Soll noch einer sagen, eine Behörde sei nicht kreativ.

Die zweite Woche lief genauso. Kollegin Monika durfte mich chauffieren. Wenn wir nicht eine so galante Lösung meines Problems gefunden hätten, dann hätte ich laut meiner Sachgebietsleiterin Innendienst in Nordhorn verrichten dürfen. Nur, wie kommt man in der Frühe mit öffentlichen Verkehrsmitteln zur 110 Kilometer entfernten Dienststelle? Das wäre schwierig geworden. Über den Vorfall dachte ich nicht mehr lange nach. Allerdings hatte ich mir vorgenommen, in Zukunft besser aufzupassen und nicht mehr so schnell zu fahren. Meine Gedanken argumentierten: »Mensch, Kaiser, warum rast du so? Du bist doch Beamter und brauchst nicht so schnell unterwegs zu sein. Bekommst deswegen doch keinen Cent mehr Gehalt überwiesen.«

Ein Ausrutscher

Wie gut, dass es die Verjährung von kleinen bis mittelschweren Verfehlungen gibt. Der folgende Fall liegt schon viele Jahre zurück und zog keinerlei Konsequenzen nach sich. Es fing harmlos an, wie fast jeder neu erteilte Vollstreckungsauftrag.

Der erste Besuch beim Schuldner im Landkreis. Nicht angetroffen, Zahlungsaufforderung mit neuem Termin hinterlegt. Zum Termin den Schuldner aufgesucht, ihn nicht angetroffen. Dritter Besuch einige Zeit später. Der Schuldner war wieder nicht zu Hause. Eine Nachbarin wurde gefragt, wann der Herr denn wohl einmal zu Hause anzutreffen sei. »Die (seine Lebensgefährtin und er) kommen erst am Abend zurück. Die haben im Westfälischen ein Künstleratelier. Morgens sind die auch schon recht früh weg.«

Bevor ich mir einen richterlichen Durchsuchungsbeschluss besorge, versuche ich in der Regel den Schuldner abends zu erreichen. An einem lauschigen Spätsommerabend zwischen 19 und 20 Uhr begab ich mich erneut zur Wohnung des Schuldners. Dort angekommen, sah ich, dass jemand zu Hause sein musste, denn das Haus war hell erleuchtet. Als ich näher kam, hörte ich von drinnen laute Musik und Stimmen. Scheint eine Fete im Gang zu sein. Ich wollte allerdings nicht den Rückzug antreten, wenn ich doch schon einmal vor der Tür stand und der Schuldner wahrscheinlich anzutreffen wäre. Wenn er Besuch hat, ist es schließlich seine Schuld, wenn ich plötzlich dort hereinplatze. Er hätte schließlich eher reagieren können. Es könnte auch sein, dass er mir den Zutritt zur Wohnung verweigert. Dann hätte ich die Möglichkeit, umgehend einen D-Beschluss zu erwirken. Ich war auf einiges gefasst.

Ich klingelte an der Haustür. Der Schuldner öffnete die Tür in der Annahme, dass ein weiterer Gast käme, um ihm zum Geburtstag zu gratulieren. Mit mir hatte er nicht gerechnet. Allerdings nahm er meine Gegenwart nicht weiter tragisch. Ganz im Gegenteil. Er bat mich, ihm in die Wohnung zu folgen, nachdem ich ihm meinen Auftrag vorgezeigt hatte. Als ich mit ihm ins Wohnzimmer zu den geladenen Gästen trat, die allesamt schon in toller Feierlaune waren, rief er in die Runde: »Hallo Leute, darf ich den Überraschungsgast des Abends vorstellen? Das ist der Gerichtsvollzieher, oder wo kommen Sie her?« Sich in so einer Situation zu behaupten, ist nicht immer einfach. Auf der einen Seite hat man einen Vollstreckungsauftrag, der erledigt werden will. Auf der anderen Seite muss man Fingerspitzengefühl haben, um die gute Laune der Anwesenden nicht ins Gegenteil umschlagen zu lassen und Aggressionen zu provozieren. Da ist nichts mit: »Machen'se mal Platz da, ich will den Fernseher pfänden.« Oder: »Zeigen'se mal Ihr Portemonnaie, wie viel Geld ham'se denn?« Ein dermaßen martialischer Auftritt kann mächtig schiefgehen.

In diesem Fall ging es sehr fröhlich zu. Ich merkte, dass ich hier nicht so schnell herauskam. Es wurde gelacht, geflachst und natürlich getrunken. Wie kommt man nur jetzt noch ans Ziel, den Auftrag mit einer Zahlung des Schuldners zu erledigen? Ich sage es gleich: Das ging überhaupt nicht. An die Ermittlung der wirtschaftlichen Verhältnisse war auch nicht zu denken. Bei Fragen danach wurde nur witzig geantwortet.

Zumindest hatte ich die Telefonnummer des Schuldners herausbekommen und die Anschrift seines Kunsthandwerksladens in M. »Bevor wir jetzt weiter verhandeln, mein lieber Kuckuckskleber, trinkst du erst einmal einen Schnaps.« Der Schuldner meinte es ernst, sonst würde er nicht weiter mit mir reden. Die anderen Gäste pflichteten ihm bei. »Nein«, entgegnete ich, »bin im Dienst und außerdem mit dem Auto unterwegs.« Kleine Pause. »Na gut, einen darf ich, aber nicht mehr.« Prost, alle freuten sich und machten ihre Späße. Der nächste Schnaps war schneller eingeschenkt, als ich gucken konnte. »Den noch, dann fahre ich aber.« Prost.

»Komm«, rief das Geburtstagskind, »ein Bier geht doch noch, kannst den Schnaps doch nicht so trocken runterwürgen.« Es wurde immer lustiger, ich verlor die Kontrolle und feierte mit, als wenn ich ein geladener Gast wäre. Habe auch sehr nette Leute kennengelernt. So macht der Außendienst doch Spaß, dachte ich nach dem x-ten Korn, warum ist das nicht jeden Tag so?

Gegen 22 Uhr, oder später, die meisten Gäste waren schon ziemlich betrunken, erinnerte ich mich daran, dass ich zu Hause eine Ehefrau mit drei Kleinkindern habe, die seit Stunden auf mich warteten. Da es zu der Zeit noch keine Handys gab, konnte ich auch nicht anrufen, um meine Verschbähädung zu middeilen, oder so.

Endlich konnte ich mich von der besoffenen Bande loseisen und den Weg zu meinem Passat antreten. Der Wagen stand noch so da wie bei der Ankunft. Der Fahrzeugschlüssel passte auch ins Zündschloss und der Motor sprang sofort an. »Ab nach Hause«, befahl ich, und nun ging es los. Zuverlässig manövrierte mich das Auto bei dichtem Nebel (oder lag es an mir, dass ich nicht richtig sehen konnte?) nach Hause. Dort angekommen, es war mittlerweile schon nach 23:30 Uhr, habe ich mich sehr zusammengerissen. Absolute Disziplin ist in so einem Fall lebenswichtig. Angelika merkte mir nichts an. Sie war auf dem Sofa im Wohnzimmer eingeschlafen, denn sie hatte kurz zuvor noch Florian gestillt und ins Bett verfrachtet.

»Wo kommst du denn so spät her? Du wolltest um spätestens 20 Uhr zu Hause sein!« »Ich hatte eine megakomplizierte Vollstreckung, da konnte ich nicht weg. Erzähle ich morgen.« Ab ins Bett, bloß sie nicht anhauchen. Sie hatte nichts gemerkt, die Polizei hat nichts mitbekommen, und der Passat stand auch unbeschädigt in der Garage. Am anderen Tag wurde mir erst bewusst, was alles hätte passieren können, wenn ich von der Polizei angehalten worden wäre. Oder wenn ich jemanden umgefahren hätte. Eine steile Karriere wäre jäh zu Ende gewesen. Mein schlechtes Gewissen kannte keine Grenzen. Aber es war ein geiler Abend gewesen. Wie ich anschließend den Vollstreckungsfall abgeschlossen habe, kann ich gar nicht mehr sagen.

Apropos »Karriere«

Wenn ein Zollbeamter stets treu und brav seinen Dienst verrichtet und das Wohlwollen seiner Vorgesetzten genießt, bekommt er gute Beurteilungen und wird, wenn die passende Planstelle vorhanden ist, befördert. Ich hatte Glück, die Vorgesetzten waren begeistert von meiner Arbeit. Somit hatte ich durch frühe Beförderungen schon mit Anfang vierzig die Endstufe in meiner Dienstgradgruppe erreicht. Später kam nur noch eine Amtszulage dazu. Dann war das Ende der Fahnenstange erreicht. Mitte vierzig, ich hatte schließlich noch etwa zwanzig Jahre Dienst vor mir, hatte ich überlegt, den Aufstieg in den gehobenen Zolldienst anzustreben. Das hätte bedeutet, dass ich eine dreijährige Ausbildung durchlaufen müsste.

Die nach einer Prüfung für mich möglichen Dienstposten hatte ich mir angeschaut. Personalsachbearbeitung, Verbrauchssteueraufsicht, Finanzkontrolle Schwarzarbeit, Leiter in der Abfertigung, Sachbearbeitung in der Vollstreckung. Nach einer Zeit des Überlegens stand für mich fest: Die Vollstreckung im Außendienst machst du bis zur Pensionierung. Und das ist auch gut so. Mehr Abwechslung und interessante Fälle gibt es in keinem anderen Sachgebiet. Wie ich anfangs schon bemerkte: Mit der Übernahme dieser meiner Planstelle war es für mich wie ein Sechser im Lotto.

Allerdings kann man sich als langjähriger Beamter, der fest im Sattel seiner Dienststelle sitzt und meint, alles richtig zu machen, auch einmal kräftig in die Nesseln setzen.

Die Ausgangssituation: Im Jahre 1997 bekam ich von unserer Nachbargemeinde eine Anfrage, ob ich eventuell in Teilzeit die Zwangsvollstreckung für die Verwaltung übernehmen könnte. Nach einer gründlichen Unterrichtung über die Arbeitsbedingungen stellte ich bei meiner Dienststelle den Antrag auf Genehmigung einer Nebentätigkeit. Der Antrag ging durch, und ich durfte von da an wöchentlich vier Arbeitsstunden für die Gemeinde ableisten. Dort lief der Dienst ähnlich wie bei der Zollverwaltung, nur die Vollstreckungsaufträge unterschieden sich. Ich war zuständig für die Beitreibung von Gemeindeabgaben wie Hundesteuer, Gewerbesteuer, Rundfunk- und Fernsehgebühren, Bußgelder und Ähnliches.

In den Nebenbeschäftigungsbestimmungen heißt es, dass der Beamte die Nebentätigkeit nach Ablauf von fünf Jahren erneut zur weiteren Genehmigung vorzulegen hat. Ebenfalls ist anzuzeigen, wenn der Beamte die Nebentätigkeit aufgibt. Nach den ersten fünf Jahren legte ich wie vorgeschrieben die Mitteilung über eine Fortführung der Nebentätigkeit der Dienststelle vor. Später geschah nichts mehr. Ich hatte es einfach vergessen. Die Dienststelle fragte auch nicht nach, ob ich die Nebentätigkeit weiter ausüben würde. Mir war deshalb auch entfallen, die Anzeige pünktlich abzugeben.

2017 wurde von der Generalzolldirektion, also von ganz oben, mitgeteilt, dass alle Nebenbeschäftigungen auf den Prüfstand kommen. Es sollte ermittelt werden, ob die Nebentätigkeiten der Beamten mit der Zolltätigkeit kompatibel seien. Der Kollege am Nachbarschreibtisch, der die gleiche Arbeit für eine andere Gemeinde verrichtete, bekam die Aufforderung, die Nebentätigkeit aufzugeben. Angeblich wäre der Datenschutz nicht gewährleistet. Es wurde unterstellt, dass wir Vollstrecker vom Zoll Kenntnisse, die wir in unserer Tätigkeit als Vollziehungsbeamte erlangen, auch für unseren Nebenjob verwenden.

Von mir war nicht die Rede. Ich bekam kein Schreiben von der Direktion, war aber der Überzeugung, dass mich die Verfügung auch beträfe. Wenn ich gewusst hätte, was ich mit meiner Nachfrage bei der Personalstelle auslösen würde, hätte ich mich dezent zurückgehalten.

Eines Tages hatte ich bei der Vollstreckungs-stelle in Nordhorn zu tun und besuchte in dem Zusammenhang auch meine Chefin, die Sach-gebietsleiterin. Ich fragte sie, weshalb ich von der Generaldirektion keine Mitteilung über den Widerruf unserer Nebentätigkeitsgenehmigung erhalten hätte. Sie schaute in ihre Unterlagen und sagte: »Wieso Nebentätigkeit? Sie haben doch gar keine. Hier ist nichts vermerkt. Aber wenn das für den Kollegen gilt, ist das sicher auch für Sie gemeint. Klären Sie das bitte.«

Am Tag darauf wurde ich in die Personal-abteilung gebeten. Meine Chefin hatte nach meinem Besuch umgehend die Personalsach-bearbeiterin angerufen, um die Angelegenheit mit der Nebenbeschäftigung zu klären. Da hatte ich aber auf eine Mine getreten. Zwei Sachbe-arbeiterinnen nahmen mich in die Mangel. Ich hätte die Fortführung der Nebentätigkeit schon vor zehn Jahren anzeigen müssen, und danach auch noch vor fünf Jahren. Also hatte ich neben-bei zehn Jahre ohne Genehmigung bei der Ge-meinde gearbeitet. Das war schlimmer als eine Todsünde.

Auch mein dezenter Hinweis, dass man mich wegen des Versäumnisses hätte auch kurz an-rufen können, interessierte nicht. Dann hätte ich einen Zweizeiler mit dem Hinweis eingereicht, dass ich die Nebentätigkeit fortführe. Schon wäre die Sache aus der Welt gewesen. Das haben die Damen vollkommen ignoriert. Ich war also der böse Bube, der nun auf das Schlimmste bestraft werden sollte.

Man eröffnete mir, dass nunmehr ein Disziplinarverfahren bei der Generalzoll-direktion eingeleitet würde. Ich könne im schlimmsten Fall mit einer Rückstufung in meiner Besoldungsgruppe rechnen und müsse eventuell eine hohe Geldstrafe bezahlen. Groß-zügig, wie die Sachbearbeiterin war, stellte sie mir anheim, die Strafe zu mildern, wenn ich eine Selbstanzeige einreichen würde. Wie groß-zügig, dachte ich.

Der Tag war für mich gelaufen. Sollte meine so glorreiche Laufbahn beim Zoll mit einer solchen Blamage enden? Die Nummer ziehe ich nicht al-leine durch, dachte ich, dazu benötige ich einen fachlich versierten Rechtsbeistand. Den hatte ich mir anschließend schon einmal vorsorglich in Wartestellung gesichert.

Danach geschah lange Zeit nichts. Eines Tages bekam ich einen Anruf von der Generalzoll-direktion. Eine ausgesprochen nette Sachbe-arbeiterin für Disziplinarsachen stellte sich mir im lupenreinen sächsischen Dialekt vor. Wenn man aus Chemnitz stammt, ist das auch kein Wunder. Sie war mit der Durchführung des beantragten Disziplinarverfahrens beauftragt worden. Wir haben uns lange unterhalten. Zum Ende der Unterredung meinte sie: »Haben die in Osnabrück nichts anderes zu tun, als mich damit zu beauftragen, wegen so einer Lappalie ein Disziplinarverfahren durchzuziehen? Was meinen Sie, wie aufwändig so ein Verfahren ist. Da wird Ihr ganzes Leben durchstöbert. Aufgrund Ihrer Vita kann ich nicht erkennen, dass Sie dauerhaft gegen Vorschriften verstoßen. Wenn Sie nun einen Kollegen beklaut oder Gelder unterschlagen hätten, könnte ich den Antrag Ihrer Dienststelle nachvollziehen. Aber Ihre Personalakte ist sauber, wie es sauberer nicht geht. Wissen Sie was, ich gebe den ganzen Fall zurück. Soll doch Ihre Dienststelle entscheiden, was sinnvoll ist. Meines Erachtens hätte nach Bekanntwerden der Verfehlung der drohende Zeigefinger gereicht. Nach dem Motto: ›Du, du, mach das nicht wieder!!!‹« Und so sind wir verblieben.

Die Dienststelle konnte nun nicht mehr zurück. Eine Disziplinarverfahren ist eben ein Disziplinarverfahren und will bis zum Ende durchgezogen werden. Es wurde letztendlich gegen mich eine (so wie der Leiter behauptete) kleine Geldstrafe in Höhe von 200,– € verhängt. Na ja, dachte ich, 100,– € hätten es auch getan. Ich hätte gegen den Bescheid noch Widerspruch einlegen können, hatte jedoch darauf verzichtet, weil ich meine Nerven schonen wollte. Eine Verwaltung, die sonst recht großzügig ist, kann gelegentlich ganz schön gemein sein. Nachtragend sollte man nicht sein, das hemmt nur die dienstliche Einsatzbereitschaft. Schwamm drüber.

Herr U. und ...

Die Ersatzkassen haben schon manchmal sehr merkwürdige Mitglieder. Hier zwei Beispiele, die unsere Vollstreckungsstelle im Allgemeinen und mich im Besonderen über längere Zeit beschäftigt hatten.

Die Forderung von Krankenkassenbeiträgen einer Ersatzkasse gegen einen Mann mittleren Alters. Die Anschrift: noble Gegend in der Stadt. Gepflegtes älteres Einfamilienhaus Typ: Wir sind nicht arm.

Aufgrund meiner Zahlungsaufforderung meldete sich der Schuldner unverzüglich. Den von mir gesetzten Termin bat der Schuldner zu streichen. Er sei zu dem Zeitpunkt nicht in Deutschland, wolle jedoch die komplette Schuldsumme umgehend zahlen. Angeblich hätte er 300.000,– DM auf einem Notaranderkonto bereitliegen, worüber er innerhalb kürzester Zeit verfügen könne. Ich lasse mich einmal überraschen. Dass eine Forderung erledigt ist, weiß ich erst sicher, wenn die Zollzahlstelle den Geldeingang bestätigt.

Also: abwarten und Tee trinken. Es verging

eine Woche, es vergingen zwei Wochen. Eine erneute Kontaktaufnahme – der Schuldner war noch immer im Ausland – brachte Licht ins Dunkel. Das Geld sollte längst angewiesen worden sein, die Überweisung hatte sich jedoch wegen unglücklicher Umstände etwas verzögert. Klar, dachte ich, du verarschst mich doch. Ich schätze, mit dem Typen muss ich wohl einmal Schlitten fahren. Leider kam ich an den Mann nicht heran. Mal war er auf Geschäftsreise in Brasilien (dort hatte er einen Auftrag des VW-Werkes zum Aufbau eines neuen Standortes), mal war er im Auftrag von VW in Tschechien. Und wegen des ganzen Stresses konnte er sich um die Kleinigkeit der Zahlung seiner Krankenversicherung nicht kümmern.

Mittlerweile war es so weit gekommen, dass ich einen Durchsuchungsbeschluss vom Amtsgericht erwirkt hatte. Der Sache wollte ich auf den Grund gehen. Der gemeldete Wohnsitz des Schuldners war die Wohnung der Mutter. Mit der Forderung konfrontiert, war sie nicht sonderlich davon angetan, wenn wir nun ihr nobles Anwesen durchsuchen würden. Allerdings hatte sie uns lediglich ein Zimmer vorgezeigt, in dem ihr Sohn gelegentlich übernachtete, wenn er nicht gerade in wichtiger Mission im Ausland tätig war. Es war mir sofort klar, dass die Anschrift lediglich dazu diente,

Vollstreckungsmaßnahmen von sich fernzuhalten. Also war hier nur ein Zimmer zum Vorzeigen für Vollziehungsbeamte. Die tatsächliche Wohnanschrift des Herrn U. konnte ich nicht ermitteln. Die Mutter hielt sich ziemlich bedeckt. Allerdings konnte man ihr anmerken, dass sie mit den Machenschaften ihres Filius ganz und gar nicht einverstanden war.

... Frau B.

An dem Tag bei Herrn U. hatte ich noch einen zweiten Durchsuchungsbeschluss in der Tasche, bei dem mir meine Gruppenleiterin Nicole aus Nordhorn und mein erfahrener Durchsuchungskollege Heiner wie im vorherigen Fall hilfreich zur Seite standen.

Frau B. hatte große Rückstände bei ihrer Krankenkasse. Mehrere Tausend Euro sollte ich beitreiben. Frau B. war erst vor kurzem in eine nobel umgebaute Villa im Landkreis eingezogen. Wer so lebt und sich eingerichtet hat, wird in der Regel seine Krankenversicherung zahlen können. Dachte ich, wurde jedoch eines Besseren belehrt. Ich hätte die Dame gerne kennengelernt, sie mich scheinbar nicht. Es war kein »Rankommen« an die Frau. Im Vorfeld hatte ich bereits beim zuständigen Einwohnermeldeamt die Meldeanschrift bestätigen lassen. Wie in anderen Fällen auch, hatte Frau B. weder ihren Namen an der Haustürklingel noch am Briefkasten befestigt. Die Vollstreckungsroutine lief an. Durchsuchungsbeschluss und Wohnungsaufbruch.

Nicole, Heiner und ich begaben uns, ausgestattet mit dem Vollstreckungsauftrag und einem gültigen Durchsuchungsbeschluss des Amtsgerichts Osnabrück, zur Wohnung der Schuldnerin. Unter Zuhilfenahme eines Schlüsseldienstes wurde die Eingangstür der Villa fachgerecht aufgebrochen. Außergewöhnlich merkwürdig kam uns vor, dass der Schlüsseldienstmann nicht nur die Wohnungstür aufbrechen musste, sondern sämtliche Innentüren auch. Als ob Frau B. auf uns wartete und uns erst einmal ärgern wollte. Irgendetwas stimmte hier nicht. Kollege Heiner war aufgefallen, dass der Kaffeeautomat in der Küche noch lauwarm war. Also musste jemand im Haus sein bzw. vor kurzem noch dort gewesen sein. Selbst die Kellerräume und der Dachboden wurden von uns durchsucht. Leider ohne Erfolg. Wir malten uns aus, wie es wäre, wenn plötzlich jemand mit einer geladenen Waffe vor uns stünde und uns bedrohen würde. In einem Krimi könnte sich so etwas abspielen. Leider hatte unsere Suche nach einer Person keinen Erfolg.

Uns war auch aufgefallen, dass sich in der Wohnung sehr viele Gegenstände befanden, die auf einen Mann hinwiesen, der dort nicht nur gelegentlich übernachtete, sondern sich dort mit Frau B. eingerichtet hatte. Aber gemeldet war dort nur Frau B. Wahrscheinlich lebte sie dort

171

mit ihrem Lover, der, aus welchen Gründen auch immer, nicht in Erscheinung treten wollte.

Das Geheimnis hatten wir schnell gelüftet. Bei dem Mann handelte es sich um unseren Freund Herrn U. Nachdem wir uns einen Überblick verschafft hatten, begann die Lieblingsarbeit eines Vollziehungsbeamten. Nämlich das Pfänden. Auf den Ärger mit den beiden Schuldnern waren wir gefasst. Die Ausführung der vorliegenden Aufträge hatte zwar große Zeit in Anspruch genommen. Jedoch konnte sich das Ergebnis sehen lassen. Wir hatten alles, was nicht niet- und nagelfest war, mit einem Pfandsiegel versehen. Alte massive Schränke, ein großes Sammelsurium an unterschiedlichen Bleikristallgläsern. Ferngläser, Objektive und anderes technische Gerät. Eine kleine Digitalkamera ließen wir auch mitgehen. Auf der Festplatte befanden sich sehr interessante Fotos. Frau B., die ich bis dahin nie gesehen hatte, zeigte sich in sehr offener Weise bei ihrer Lieblingsbeschäftigung. Nämlich ihren Gönner, Herrn U. und auch andere männliche Besucher zu verwöhnen.

Dass Herr U. kein Kostverächter war, stellten wir fest, als wir in einem seiner vorgefundenen Sakkos eine Zehnerkarte eines Swinger Clubs in Bielefeld fanden. »Für so etwas ist Geld vorhanden, jedoch für die Zahlung der Krankenkassenbeiträge nicht.« Nicole war fassungslos und sprachlos zugleich.

172

Zum Ende der Aktion wurde die Wohnung wieder verschlossen. Die Pfandgegenstände hatten wir in dem Haus gelassen, da die Menge der Pfandsachen zu groß war, um alles mitzunehmen. Später würden wir mit einem Transporter zurückkehren und alles verladen und in die Pfandkammer des Hauptzollamts verbringen.

Wenige Stunden später rief mich Herr U. an, um mir sein Missfallen über unsere Aktion mitzuteilen. Er verlangte, die Pfändungen aufzuheben, da sämtliche Einrichtungsgegenstände nicht Frau B. gehörten. Meine große Stunde kam. Ich wusste ganz genau, wem die Wohnung mit allem Drum und Dran gehörte. Nämlich Herrn U. Wenn er das jetzt behaupten würde, hätte ich das Pfändungsprotokoll lediglich auf seinen Namen umgeschrieben. Weg wären die Sachen allemal. Herr U. hat den Braten gerochen und sprach mehrfach davon, dass die Wohnung jemand ganz anderem gehörte. Einen Beweis erbrachte er nicht. »Sie hören von meinem Anwalt«, teilte er kurz und knapp mit. Dann riss die Kommunikation ab.

Nach einer kurzen Frist wurde von der Vollstreckungsstelle ein Wegnahmeauftrag für die Pfandsachen erteilt. Ein Transporter aus Nordhorn reiste mit zwei Kollegen an, und die Wohnung wurde geräumt. Noch bevor die Kollegen mit dem Beladen des Fahrzeuges begonnen hatten, tauchte plötzlich Herr U. auf. Der sonst so besonnene Mann, der augenscheinlich über einen hohen Bildungsstand verfügte und stets bemüht war, eine vornehme Umgangsform zu wahren, verlor völlig die Kontrolle. Er schrie nur noch herum und verlangte, dass wir augenblicklich sein Grundstück verlassen. Den Durchsuchungsbeschluss ignorierte er völlig.

Mit der Drohung, die Polizei zu rufen, um uns von der Ausführung der Räumung abzuhalten, griff er zum Telefon. Er teilte der Polizei mit, dass auf seinem Grundstück rechtswidrig Leute seien, die seine Wohnung leerräumten. »Gut, dass Sie die Polizei gerufen haben, Herr U., sonst hätten wir das getan«, hatte ich angemerkt.

Kurze Zeit später erschien eine Polizeistreife. Herr U. stürmte sogleich auf die Beamten los und verlangte die Entfernung der »ungebetenen Gäste«. Nachdem ich der Polizei den Dienstausweis und den Durchsuchungsbeschluss vorgezeigt hatte, wandte sich der Hüter des Gesetzes an Herrn U. Er verlangte, dass Herr U. augenblicklich die Störung unserer dienstlichen Tätigkeit zu unterlassen habe. Herr U. wurde wieder aufbrausend. Das war dem Polizeibeamten zu viel. Er schrie Herrn U. an und drohte damit, ihn mittels Handschellen an den nächsten Baum zu ketten, wenn die Störung nicht aufhören würde.

Das beeindruckte Herrn U. scheinbar. Er wurde leichenblass, wandte sich an mich und wollte lediglich wissen, wie er nach der Aktion an seine Hausschlüssel käme. Danach zog er ab, setzte sich in den Renault Twingo seiner Freundin Frau B. und brauste davon. Zu Herrn U. habe ich danach nie wieder Kontakt gehabt. Allerdings habe ich von dritter Stelle einige interessante Details aus dem illustren Leben von Herrn U. und Frau B. erfahren.

Auf welchem Weg ich an die Handynummer des Ex-Mannes von Frau B. kam, kann ich nicht mehr nachvollziehen. Jedenfalls hatte ich sie und versuchte im Vorfeld Informationen über seine letzte Frau zu sammeln. Herr B. war wider Erwarten sehr redselig und konnte mir diverse Interna aus dem Leben seiner Ex-Frau mitteilen. Er machte auf mich einen sehr sympathischen Eindruck. Da Herr B. wegen seiner Handlungsreisen unter anderem gelegentlich nach Osnabrück kam, vereinbarten wir einen Termin und trafen uns eines Tages zur Mittagszeit in einem Restaurant.

Die Geschichte von Frau B. fing an, als Herr B. aus dem Ammerland, wo beide lebten, sie nach seiner Scheidung kennenlernte. Er war, wenn man Schmetterlinge im Bauch hat, all seiner Sinne beraubt und hatte sich verliebt. Später wurde geheiratet, und so nach und nach kam

Herr B. dahinter, auf was er sich eingelassen hatte. Frau B. hatte schon diverse Männerfreundschaften hinter sich. Zurzeit lebte sie bei ihrer Mutter mit einem minderjährigen Sohn. Ihren Lebensunterhalt bestritt sie überwiegend aus geringfügigen Beschäftigungen. Gelernt hatte sie, glaube ich, Frisörin, saß aber häufig an einer Kasse im Supermarkt.

In ihrer Freizeit, wenn ihre Mama sich um den Sohn kümmerte, suchte sie gerne Orte auf, an denen gut situierte Männer auf Frauenjagd gehen. Am besten auf junge und gut aussehende Damen. Als sie mit Herrn B. verheiratet war, stellte sie ihre Aktivitäten ein und kümmerte sich um ihre Ehe. Doch die Katze lässt bekanntlich das Mausen nicht. Diverse Affären störten den Ehefrieden. Aus dem Grund hatte sich Herr B. auch nach einiger Zeit wieder von ihr getrennt.

Wer fleißig angelt, fängt auch irgendwann einen dicken Fisch. So auch Frau B. Sie lernte ihren »Traummann« in einer Nobeldisco kennen. Er, ein gut aussehender Frauenheld im besten Mannesalter, gab ihr nach einiger Zeit das Gefühl, dass er sie fest an seiner Seite haben möchte. Angeblich lebte er in Scheidung und wäre in absehbarer Zeit frei. Vor seiner Freundin ließ er so richtig die Sau raus. Großes Auto, tolle Klamotten und viel Geld als selbstständiger Inhaber eines florierenden Unternehmens ließen bei Frau B. alle Hemmungen fallen. Auf so einen Fisch an der Angel hatte sie lange gewartet.

An Wochenenden ging es richtig rund. Discobesuche, teure Essgelage, Clubbesuche und was es alles noch gibt, um sich das Leben angenehm zu gestalten. Mit von der Partie war ein gewisser gut situierter Herr aus Osnabrück, der genau in das Strickmuster von Frau B. und ihrem Lover passte. Es war ein mir guter Bekannter, nämlich Herr U., den ich ja bereits hinlänglich vorgestellt habe.

Wie gewonnen, so zerronnen. Das trifft auch auf Frau B. zu. Das schillernde Leben ging zu Ende, als die Ehefrau des Unternehmers die Liebschaften ihres Göttergatten aufdeckte. Kurzerhand setzte sie ihn vor die Tür. Das Unternehmen gehörte nämlich ihr, denn er war nur Angestellter und Nutznießer. Er besaß eigentlich nichts. Eine Trennung kündigte sich an.

Frau B. wäre nicht Frau B., wenn sie keinen Ausweg gewusst hätte. Kurzerhand wechselte sie zu dem bereits bekannten Herrn U. Der Mann von Welt verkaufte sich natürlich sehr gut als wohlhabender Industriemanager. Wohlhabend und erfolgreich, wie er vorgab, eroberte er schnell das Herz von Frau B. Er lud sie ein, in seinem Domizil im Osnabrücker Land zu wohnen. Das nahm sie gerne an, und beide hatten dort ihren Spaß. Wie lange die Liaison dauerte, ist nicht bekannt. Interessant für mich war nur, was Herr B. mir beim Essen alles berichten konnte.

Nach dem Dienst

Solche und ähnliche Begebenheiten machten für mich stets den Reiz des Außendienstes aus. Sicher hätte ich so manchen Vollstreckungsauftrag schneller erledigen können. Ich habe es jedoch genossen, Leuten, die vorgeben, erfolgreich, schön und intelligent zu sein, hinter die Fassade zu schauen. Wenn ich meine Erlebnisse zu Hause meiner lieben Ehefrau erzählt habe, konnte sie die Art meiner Dienstverrichtung oft nicht nachvollziehen. Sie schlug mir oft vor: »Erledige doch bitte deine Aufträge so, wie es die Vorschriften verlangen, und halte dich nicht unnütz lange bei den Schuldnern auf. Dann bist du auch eher zu Hause und kannst hier etwas bewegen.« Sie konnte mich leider nicht umerziehen.

Das Thema der Dienstgestaltung war seit jeher ein Reizthema in unserer Ehe. Angelika hätte es gerne gesehen, wenn ich einen Bürojob angenommen hätte, mit dem sie besser hätte leben können, nämlich pünktlich morgens den Dienst zu beginnen und zu einer festgelegten Zeit wieder zu Hause zu sein. Das war jedoch in meiner Tätigkeit nicht möglich. Morgens verließ ich mein häusliches Büro, fuhr in den Außendienst und arbeitete meine Aufträge ab. Da ich nie genau vorhersagen konnte, wie der Tag abläuft, war es auch schwer einzuschätzen, zu welcher Uhrzeit ich zurück war. Ich hatte es mir angewöhnt, etwa dreißig Minuten bevor ich den heimatlichen Hafen anlief, bei Angelika anzurufen und meine Rückkehr mitzuteilen.

Das hatte den Vorteil, dass dann meine warme Mahlzeit so gut wie auf dem Tisch stand. Wenn ich hungrig aus dem Dienst kam und nicht schnell genug etwas zu essen bekam, wurde ich ungemütlich. Das wusste Angelika und hatte mich deshalb all die Jahre bestens versorgt.

Manchmal kam es allerdings vor, dass ich telefonisch mitteilte, dass ich unterwegs nach Hause sei, jedoch auf dem Weg noch einen Schuldner aufsuchte. Treffe ich ihn nicht an, ist es kein Problem. Er bekommt eine schriftliche Zahlungsaufforderung in den Briefkasten, und dann fahre ich weiter. Ist er allerdings zu Hause und lässt mich in die Wohnung, kann es unter Umständen recht lange dauern. Eine Barzahlung ist recht schnell erledigt. Hat der Schuldner aber kein Geld, müssen teilweise umständlich die wirtschaftlichen Verhältnisse ermittelt werden und nach pfändbaren Gegenständen gesucht werden. Dann sucht der Schuldner unter Umständen elendig lange seinen Hartz-IV-Bescheid oder die Mietbescheinigung oder Belege über bereits gezahlte Beiträge und Ähnliches. Ich sitze dann auf heißen Kohlen und stelle mir vor, wie mein Essen zu Hause kalt wird.

Es kam auch gelegentlich vor, dass ich plötzlich mittags im trauten Heim aufkreuzte. Dann geriet Angelikas Tagesplan durcheinander, weil sie mit der Essenplanung umdisponieren musste. Ungehalten wurde sie oft, wenn ich ihr mitteilte, dass ich am späten Nachmittag wieder in den Dienst fuhr wegen abendlicher Termine. Dann kam ihre Tagesplanung vollends ins Straucheln. Jetzt bin ich in Pension, somit ist das Thema durch.

Geldangelegenheiten

Der Auftrag des Vollziehungsbeamten besteht in der Beitreibung von Geldforderungen für öffentlich-rechtliche Körperschaften. Das hört sich etwas beamtendeutschmäßig an, hat es jedoch in sich.

Welche Wege sich das beizutreibende Geld allerdings manchmal sucht, beschreibe ich in den nächsten Zeilen.

»Hermes der Götterbote«, wie ich ihn liebevoll nannte, hatte erhebliche Rückstände bei seiner Krankenkasse. Als alleinerziehender Vater mit drei Kindern ging es ihm finanziell recht schlecht. Er war als Kurierfahrer für ein Versandhaus als Selbstständiger tätig. Um über die Runden zu kommen, fuhr er Tag und Nacht. Wie er nebenbei die Versorgung seiner Kinder hinbekommen hatte, war mir ein Rätsel. Er war sehr bemüht, seine Schulden zu bezahlen. In unregelmäßigen Zeiträumen kam er zu mir in mein häusliches Büro und drückte das Geld ab, welches er gerade so entbehren konnte. Er konnte seine Zahlungsverpflichtungen eigentlich nicht abdecken. Die Schulden wuchsen an.

Ich hatte ihm den Vorschlag gemacht, doch sein Gewerbe abzumelden und eine Festanstellung anzustreben. Das lehnte er allerdings ab.

Eines Tages holte Angelika die Post aus dem Briefkasten. Darunter befand sich ein Briefumschlag, der weder frankiert noch adressiert war. Nicht einmal ein Absender war zu finden. Angelika öffnete den Umschlag und holte zehn Hunderteuroscheine hervor. Sie staunte nicht schlecht. Das wäre eine gute Aufbesserung der Haushaltskasse gewesen. Es stellte sich jedoch heraus, dass mein Kurierfahrer in der Frühe bei unseren Nachbarn eine Zustellung hatte und er so früh nicht bei uns klingeln wollte. Kurzerhand hatte er die versprochene Rate bei uns in den Briefkasten eingeworfen.

Es kam auch vor, dass meine Schuldner, die einen Termin nicht einhalten konnten, das Geld bei sich unter der Fußmatte an der Haustür deponierten. Eine telefonische Mitteilung wurde mir übermittelt, und ich konnte das Geld annehmen. Eine Quittung wurde erteilt, in den Umschlag gesteckt und wieder unter der Fußmatte deponiert.

Ein Zahlungstermin bei einer älteren Dame verlief auf originelle Weise: Frau K. hatte unseren Termin vergessen. Es war ihr peinlich. Allerdings wollte sie mir die versprochene Summe auf jeden Fall zahlen. Sie war sehr in Eile, denn

sie war schon fast auf dem Weg zu einer Be-
erdigung und stand in schwarzer Trauerkleidung
vor mir. Kurzerhand drückte sie mir ihre EC-
Karte in die Hand, teilte die PIN mit und bat
mich, schnell zur Sparkasse zu fahren und 150,–
DM vom Konto abzuheben. 100,– DM sollte ich
bekommen, 50,– DM benötigte sie, weil sie noch
tanken wollte.

Eine völlig andere Art der Geldübergabe hatte
ich bei H. Z. Ein junger Schnösel, der versuchte,
mich zur Weißglut zu bringen. Bei ihm hatte ich
ein Bußgeld von etwa 120,– € beizutreiben. Ich
wusste schon, dass es nicht so einfach werden
würde. Denn H. zahlte Bußgelder grundsätzlich
nicht. Allerdings war mir schon klar, dass er das
Geld in der Tasche hatte. Nur, wie kommt man
da dran?

Es begann das übliche Geplänkel mit ihm, das
ich schon aus mehreren Aufträgen kannte. Auf
H. passen fast alle negativen Attribute. Und sein
Bruder O., der mir ebenfalls bestens bekannt
war, stand ihm in nichts nach. H. sah es beim
besten Willen nicht ein, die Forderung zu zahlen. »Ich beziehe ALG II und lebe bei meinen Eltern. Bei mir ist nichts zu holen«, teilte er mir im
Brustton der Überzeugung mit. Ich antwortete:
»Ich weiß doch genau, dass du die Kohle locker
in der Hosentasche hast, also her damit.« Er entgegnete: »Und wenn es so wäre, kriegst du das

Geld trotzdem nicht.« »Wetten, dass ich das Geld von dir kriege«, entgegnete ich. H.s Schwester stand daneben und betrachtete die Situation und hatte ihren Spaß bei dem Geplänkel. Wartet nur, dachte ich, gleich hole ich zum Rundumschlag aus. »Wenn du nicht augenblicklich zahlst, werde ich ungemütlich. Dann ziehe ich dir die Hose aus und drehe die Taschen auf links.« Für gewöhnlich ist das nicht das Vokabular, das ich bei meinen Schuldnern bevorzuge. Aber in dem Fall verlor ich doch etwas die Contenance. Ich wurde deutlicher. Meine Wut wuchs.

H. merkte, dass er mich nicht so leicht loswerden würde. Recht spöttisch bemerkte er, dass er das Geld locker zahlen könne und er es großzügig doch nun veranlassen wolle. Aber nur, um mich endlich vom Hof zu bekommen. Um mich noch mehr zu reizen, griff er in seine rechte Hosentasche, die so tief in das Bein eingenäht war, dass dort ein halbes Schwein Platz gehabt hätte. Seine Hand brachte ein ganzes Bündel 500-€-Scheine ans Tageslicht. Mit einer Arroganz vom Feinsten reichte er mir einen der Scheine entgegen und fragte: »Kannst du wechseln?« Glücklicherweise hatte ich zuvor von einem anderen Schuldner eine größere Geldsumme eingenommen. »Eine meiner leichtesten Übungen.« Wem hast du verfluchter Strauchdieb das Geld wohl geklaut, waren meine Gedanken. Ich fragte ihn zum Schluss noch, warum er so viel Geld mit sich herumträgt. Er antwortete: »Den Banken traue ich nicht. Außerdem sind wir libanesische Autohändler. Bei uns geht alles nur mit Bargeld.« Mittlerweile sitzen H. und O. Z. seit fast einem Jahr in Untersuchungshaft. Es vergeht kaum eine Woche, in der nicht von der kriminellen Familie in der Tagespresse berichtet wird.

Was mit Geld alles passieren kann

So unterschiedlich wie die Menschen, sind auch die Zahlungsweisen. Wie man Geld loswerden kann, möchte ich im Folgenden erzählen.

Erster Zahlungstermin bei einem Schuldner mit etwa 450,– €, hatte geklappt. Zweiter Zahlungstermin: nach Absprache Geld aus einem Blumenladen abholen. Die Schuldnerin rief kurz vor dem Termin an, um mitzuteilen, dass sie nicht im Geschäft sei, jedoch eine Mitarbeiterin einen Briefumschlag mit 1.000 Euro für mich bereithalte. Unauffällig, ohne Aktenkoffer betrat ich das Ladenlokal. Vor dem Tresen sammelten sich einige Kunden. Die Angestellte sah mich, holte einen weißen Briefumschlag aus der Kasse, auf dem »Herr Kaiser« stand, und übergab ihn mir unauffällig.

Ich nahm den Umschlag in Empfang und verließ das Geschäft. Damit hatte ich schon eine wichtige Zahlstellenvorschrift verletzt. Darin heißt es nämlich: »Der Vollziehungsbeamte nimmt das Bargeld entgegen und zählt es im

Beisein des Schuldners sofort nach. Eine Quittung über die entgegengenommene Summe hat er unverzüglich zu erteilen.« Die Quittung schrieb ich im Auto, die bekam die Schuldnerin beim nächsten Besuch. So lief das bei mir. Ein Kassenprüfer stand ja Gott sei Dank nicht an meiner Seite.

Nun der weitere Ablauf: Der Geldbriefumschlag war zu groß, um ihn in meine Zahlstellenmappe zu stecken. Außerdem war ich doch sofort beim Auto und konnte das Geld aus dem Papierumschlag in der Mappe deponieren. Auf dem Weg zu meinem Auto klingelte das Mobiltelefon in meiner Jackentasche. Mit der freien Hand nahm ich das Telefon ans Ohr und sprach mit einem Schuldner, der eine Auskunft erbat. Leider hat man in so einer Situation stets eine Hand zu wenig. Also legte ich Geldtasche und Briefumschlag auf das Autodach, schloss die Fahrertür auf und setzte mich auf den Fahrersitz. Der Schuldner bekam seine Auskunft, und ich setzte meinen Weg zum nächsten Schuldner fort.

Etwa eine Stunde später, ich hatte bereits eine Strecke von gut zwanzig Kilometern zurückgelegt, suchte ich mir einen stillen Parkplatz für eine Mittagspause. Nachdem ich meine Butterstullen ausgepackt hatte, wollte ich zwischendurch das eingenommene Geld nachzählen und die Quittung über die letzte Zahlung schreiben. Allerdings suchte ich das Geld vergeblich. Das ganze Auto hatte ich nach der Geldtasche und dem Umschlag abgesucht. Der Angstschweiß rann mir von der Stirn. Siedend heiß fiel mir ein, wo ich das Geld deponiert hatte. Auf dem Autodach lag es natürlich nicht mehr. Panik brach bei mir aus. Fast 1.500,– € hatten sich einfach verflüchtigt. Was nun? In der vagen Hoffnung, dass das Geld eventuell als Fundsache beim Blumengeschäft abgegeben worden sei, rief ich dort mit meinem Mobiltelefon an. Eine Mitarbeiterin war so freundlich und suchte den Parkplatz vor dem Geschäft ab. Leider Fehlanzeige. Das konnte ich mir allerdings schon denken.

Irgendwann kommt der Moment, an dem man sich fragt: »Wie erzähle ich es meinem Kinde?« (beziehungsweise dem Sachgebietsleiter). Wenn ich dem mitgeteilt hätte, dass die Knete auf dem Autodach gelegen hatte und von dort verschwunden ist, hätte ich alles selbst bezahlen müssen. Grobe Fahrlässigkeit wird halt bestraft.

Meine Devise ist stets gewesen: Wenn du einen Bock geschossen hast, gib es zu und tritt die Flucht nach vorne an. Es kommt sowieso raus. Also rief ich umgehend meinen Chef an und teilte ihm die Sache mit dem verlorenen Geld mit. Allerdings erwähnte ich zu dem Zeitpunkt nicht, wie dieser Verlust zustande gekommen war. Er nahm mein Missgeschick zur Kenntnis und machte nur eine Anmerkung: »Dann schreiben Sie mal eine Verlustmeldung, und dann sehen wir weiter.«

Und ich suchte weiter. Meine gute Laune war für diesen Tag dahin. Ich war jetzt nur noch um Schadensbegrenzung bemüht. Die Hoffnung stirbt zuletzt, dachte ich, und fuhr mit meinem Pkw noch einmal die Strecke ab, die ich nach dem Kassieren des Geldes gefahren war. Ganz langsam, ohne den laufenden Verkehr zu behindern, schlich ich die Bundesstraße Richtung Osten entlang. Ständig hatte ich die Seitenstreifen der Fahrbahn im Blick. Je weiter ich mich von der Stelle entfernte, an der das Geld möglicherweise vom Autodach gefallen war, umso mehr schwand in mir die Hoffnung, irgendetwas von der Barschaft wiederzusehen.

Plötzlich, in einer langgezogenen Rechtskurve, erblickte ich am linken Fahrbahnrand im Gras liegend die Spitze eines weißen Briefumschlages. Ich hielt sofort an, dachte aber gleichzeitig, das könne alles Mögliche sein, nur nicht mein Geldbriefumschlag. Wie man landläufig gelegentlich sagt: »Das Glück is mit die Doofen«, war es tatsächlich mein Geldbriefumschlag, der mir da aus dem Gras am Fahrbahnrand entgegenleuchtete.

In dem Moment, als ich das Geld wieder in

meine sichere Obhut genommen hatte, war ich mir sicher, dass es auch heute noch Wunder gibt. Der Umschlag war an dieser Stelle vom Autodach heruntergeweht und auf der Fahrbahn liegengeblieben. In der Folge waren bereits etliche Fahrzeuge über den Umschlag gefahren. Allerdings hatte niemand bemerkt, dass dort 1.000 Euro auf der Straße lagen. Durch den Fahrtwind der Fahrzeuge war der Umschlag so nach und nach Richtung Seitenstreifen der Fahrbahn geweht worden und hatte seine »letzte Ruhe« im Gras gefunden.

Der Briefumschlag sah deutlich ramponiert aus, weil diverse Fahrzeuge darübergefahren waren. Die zehn Hunderteuroscheine hatten sich ihren Weg zur Hälfte bereits aus dem Umschlag gebahnt. Allerdings lagen sie noch alle zusammen in Eintracht nebeneinander. Meine Freude und Erleichterung über den Fund kannte keine Grenzen.

Allerdings war da noch mein zweites Problem. Die Kunstledertasche mit den knapp 500 Euro aus der vorherigen Zahlung blieb verschwunden. Wie ein Minensuchhund tastete ich über einen längeren Abschnitt die Fahrbahnränder in diesem Bereich ab. Denn wo der Briefumschlag gelegen hatte, musste schließlich auch die Tasche ihren Weg in die Freiheit gefunden haben.

Doch das war wohl des Glückes zu viel. Die

Tasche blieb verschwunden. Ein erleichterter Anruf beim Chef löste bei ihm zwar keinen Jubel aus. Er merkte nur an, ich solle man schön weiterermitteln, dann käme der Rest sicher auch noch zurück. Leider hatte er nicht angeboten, bei der Suche zu helfen. Das hatte ich auch nicht erwartet.

Nach einiger Zeit gab ich mich geschlagen und brach die Suche ab. Es wäre sicher des Glücks zu viel gewesen, wenn ich die Geldtasche auch noch gefunden hätte. In der Folge ging es nur noch darum, eine plausible Verlustmeldung zu schreiben. Es kann ja mal immer etwas verloren oder kaputt gehen. Wenn keine grobe Fahrlässigkeit bzw. kein Vorsatz vorliegen, wird der Schaden von der Zollverwaltung ersetzt. Das finde ich sehr großzügig. Wenn die Verlustmeldung geprüft wird und der Schaden ersetzt wird, dann heißt es in einem Schreiben der Verwaltung an den Schadenverursacher: »Schadensersatz aus Billigkeitsgründen«.

Wie bekomme ich das nun hin, dass die Verwaltung mir den Schaden ersetzt? Ich habe nach langer Überlegung einen Weg gefunden, der mir aus der Klemme hilft. Die Verlustmeldung wurde fristgerecht auf den Dienstweg gebracht, und ich wartete gespannt auf das Ergebnis der Prüfung des Vorfalles.

Etwa vierzehn Tage nach meinem Missgeschick erhielt ich einen Anruf von der Zoll-zahlstelle in Nordhorn. Kollege Wilfried, ein Freund aus Grenzdienstzeiten, teilte mir mit, dass ich mich bitte einmal bei der Polizeiwache in Melle melden möge. Dort sei eine Tasche mit einem bestimmten Geldbetrag abgegeben worden. Ich traute meinen Ohren nicht. »Das kann doch wohl nicht wahr sein«, dachte ich.

Ich setzte mich umgehend in Bewegung, um die Tasche bei der Polizei in Empfang zu neh-men. Der diensthabende Polizeibeamte übergab mir die arg ramponierte Tasche samt Inhalt, und ich war einfach nur glücklich. Wie kam es dazu, dass der Fund erst nach so langer Zeit bei der Polizei abgegeben worden war?

Die Erklärung war einfach. Bei der Polizei waren der Name und die Telefonnummer der Finderin vermerkt worden. Überglücklich rief ich die Dame an, um mich zu bedanken. Aller-dings wollte ich gerne wissen, wie es zu dem Fund gekommen war. Sie erklärte mir, dass sie an der Fundstelle in der Mittagspause mit einer Kollegin ein wenig spazieren gegangen war. Sie bemerkte die auf der Straße liegende Tasche und wäre eigentlich ohne weitere Beachtung daran vorbeigegangen. Allerdings war ihr aufgefallen, dass einige Münzen auf der Straße lagen. Ge-treu dem Motto: »Das Geld liegt auf der Straße, man muss es nur aufheben«, hatte sie es von

der Straße aufgesammelt samt der Geldtasche.
In der Tasche befand sich neben dem Geld auch
eine Einzahlungskarte mit dem Aufdruck »Zollzahlstelle Hauptzollamt Osnabrück«.

Mit der Tasche und dem eingesammelten
Münzgeld nahm die Dame alles mit zu sich nach
Hause, um es anschließend bei der Polizei abzugeben. Allerdings fuhr sie am Folgetag in den
Urlaub und hatte den Fund total vergessen. Nach
ihrer Rückkehr erinnerte sie sich an den Fund
und begab sich zur Polizei. Und so schließt sich
der Kreis. Danach hatte ich nie wieder auch nur
eine Kleinigkeit auf einem Autodach abgelegt.

Ein Bezirkswechsel

Jeder Vollziehungsbeamte hat einen fest umrissenen Bezirk, der so gestaltet ist, dass das Auftragsvolumen einigermaßen gerecht aufgeteilt ist. Allerdings ist es von Zeit zu Zeit nötig, wenn sich personelle Veränderungen ergeben, dass man einen neuen Vollstreckungsbezirk betreuen muss.

Mir wurde in den neunziger Jahren ein Bezirk nördlich des Landkreises Osnabrück zugeteilt. Ich durfte Aufträge im Südoldenburgischen Land erledigen. Südoldenburg fängt dort an, wo es mehr Schweine als Einwohner gibt. Und wer es nicht mit Schweinemast hält, der mästet in riesigen Ställen Schlachthähnchen. Größter Exportschlager in der Gegend sind Schweine- und Hühnergülle.

Wer in der Gegend dienstlich tätig ist und die Leute mit »Sie« anredet, hat schon verloren. Dort wird auch nicht lange gefackelt, sondern es werden gleich Nägel mit Köpfen gemacht. Der Umgang mit dem Menschenschlag ist aber überwiegend angenehm, von Ausnahmen abgesehen.

Als ich mich nach einiger Zeit in den Bezirk eingearbeitet hatte, lernte ich eine interessante Figur kennen.

August der Viehhändler

August war so Ende siebzig Anfang achtzig Jahre alt. Er lebte allein auf einem kleinen ehemals landwirtschaftlichen Anwesen. Er sowie sein Wohnhaus schienen irgendwie aus der Zeit gefallen zu sein. August war trotz des fortgeschrittenen Alters noch immer aktiv als Viehhändler. Sein Outfit: stets dunkler Anzug (allerdings sah der so aus, als sei es noch der Hochzeitsanzug seines Vaters gewesen, einen eigenen hatte er nicht, er war Junggeselle).

Die Einrichtung des Hauses hatte er sicher von seinen Eltern geerbt und liebevoll erhalten. In der Wohnung war es sauber und aufgeräumt. Allerdings war sämtliches Mobiliar, das noch zu einem Teil aus Vorkriegszeiten stammte, recht verschlissen. Nun denn, es kann schließlich jeder wohnen, wie er will.

August sollte nun aufgrund meiner Vollstreckungsaufträge Beiträge für die Rentenversicherung nachzahlen. Wahrscheinlich hatte er in Vorjahren falsche Angaben zu seinen Einkünften gemacht. Außerdem war da noch eine Rechnung bei der Berufsgenossenschaft für

Fahrzeughaltungen offen. Gelegentlich hatte er zwar kleinere Raten an die Vollstreckungsstelle überwiesen. Aber die reichten nicht zur kurzfristigen Schuldentilgung.

Nun kam ich auf den Plan und wollte an sein Portemonnaie. August tat so, als nage er am Hungertuch. Die Rente reichte nicht zum Leben, die Einkünfte aus dem Viehhandel waren angeblich nicht der Rede wert. Wenn ich nicht Land und Leute im Allgemeinen und Viehhändler im Besonderen kennen würde, hätte ich es ihm abgekauft. Schon allein der äußere Zustand von Wohnung und Kleidung ließen darauf schließen, dass es sich hier um einen bettelarmen Menschen handelte.

Als ob es sich bei meinem Besuch um einen Viehhandel drehen würde, versuchte August mit mir eine Ratenzahlung zu vereinbaren und die Beiträge noch etwas zu drücken. Und die Berufsgenossenschaft wollte er schon gar nicht bezahlen. Schließlich hätte er bei denen keinen Vertrag abgeschlossen, und außerdem hätte er von denen nichts. Dass es sich bei der BG um eine Pflichtmitgliedschaft handelte, hat ihn nicht interessiert. Ich hatte ihn nach einigem Hin und Her endlich überzeugt, die Forderungen zu begleichen. Allerdings nur in Form einer Ratenzahlung. Die erste Rate wollte er mir schon sofort aushändigen. Allerdings nicht in bar, sondern

in einem von ihm ausgefüllten Überweisungsträger, den ich zu einem bestimmten Termin bei
seiner Hausbank vorzulegen hätte. Allerdings
versuchte August noch beim Ausfüllen des Be-
leges die Ratenhöhe zu mindern. 300,– DM statt
500,– DM müssten doch auch erst reichen, oder?
Langsam verlor ich die Geduld. Einige Tage später kam dann auch das Geld von seinem Konto.

Einige Zeit später traf ich August in einer ab-
gelegenen Gegend, als er, chauffiert von einem
Mitarbeiter, gerade von einem landwirtschaftlichen Anwesen auf die Straße fuhr. August hatte
keinen Führerschein und ließ sich zu seinen
Kunden stets von einem jungen Mann fahren.
Ich hielt den BMW an und drehte die Seiten-
scheibe herunter. Anscheinend hatte August an
dem Tag einige gute Abschlüsse gemacht. Bei
Viehhändlern vom Schlage eines Augusts wird
ein Handel meistens mit einem Korn besiegelt.
Und wegen der guten Geschäfte war August
auch am Nachmittag des Tages sternhagelvoll.
Sein Fahrer grinste mich nur an. Ich versuchte
nur kurz, meinen nächsten Zahlungstermin in
Erinnerung zu rufen. Aber A. antwortete nur mit
einem kurzen Grunzen. Mehr war nicht aus ihm
herauszubekommen.

Einige Tage später besuchte ich meinen August in seinem antiquierten Anwesen, und die
Verhandlungen begannen wieder. Allerdings

hatte er die Rechnung ohne den Wirt gemacht. Dieses Gefeilsche um die Zahlungen wie auf einem Viehmarkt ging mir mächtig auf den Geist. August setzte sich wie immer an seinen Schreibtisch und fingerte mühselig einen Überweisungsträger aus der Schublade. Von der Seite sah ich, dass dort in der Lade einige Kontoauszugshefte und auch ein Sparbuch lagen. Die hätte ich gerne einmal eingesehen. Doch da ließ er mich sicher nicht dran. Aus dem Augenwinkel entdeckte ich jedoch auf dem Küchentisch ein Kontoauszugsheft seiner Bank. Ohne dass August es bemerkte, schlug ich den Deckel des Heftes auf und staunte nicht schlecht. Ein aktueller Kontoauszug wies ein Guthaben von ca. 15.000,– DM aus. Die Sache war für mich geritzt, der Innendienst wurde angewiesen, eine Kontopfändung durchzuführen, und schon war ich den Auftrag los.

Ich denke, dass August nur dafür gelebt hat, möglichst viel Geld auf seinem Konto anzusammeln. Bestimmt hatte er keine Butter auf sein Brot geschmiert, sondern die billige Margarine vom Discounter. Und das Brot war sicher vom Vortag zum halben Preis. Solche Leute gehen einmal im Monat zur Bank und drehen das Geld im Tresor um, damit es nicht schimmelt. Ich frage mich, was in solchen Leuten vorgeht. Geld erfüllt doch nur seinen Zweck, wenn

es ausgegeben wird. So handhabe ich es jedenfalls. Leider falle ich nicht in den Kreis der Erb-
berechtigten von August dem Viehhändler.

Der Einsiedler

Wenn Menschen einander begegnen, geschieht das in der Regel zunächst über die visuelle Schiene. In Sekundenbruchteilen taste ich die Person, die mir gegenübersteht, mit den Augen ab und habe nun ein erstes Bild im Kopf abgespeichert. Der erste Eindruck ist sicher nicht entscheidend darüber, mit welcher Person ich es zu tun habe. Oft wird man sein Urteil revidieren, wenn man sie näher kennenlernt. So ging es mir mit dem Mann, den ich im Folgenden beschreibe.

Bei der Zuteilung eines Vollstreckungsauftrages gegen Herrn Z. wurde ich bereits von meinem Innendienst vorgewarnt. »Viel Vergnügen mit dem Schuldner«, sagte meine Kollegin, »der Mensch ist ausgesprochen schwierig im Umgang und uns hier bekannt als Querulant.« Die Erledigung solcher Aufträge war für mich von besonderem Reiz, da ich mich gerne mit außergewöhnlichen und schwierigen Menschen beschäftigte.

Derart vorgewarnt begab ich mich zur Anschrift des Schuldners, der in sehr abgelegenem

Gebiet seinen Wohnsitz hatte. Zunächst durfte ich mich in der entfernten Nachbarschaft des Herrn Z. nach dem Weg zu seinem Grundstück erkundigen. Die Zuwegung erfolgte über einen nur bei trockenem Wetter mit einem normalen Pkw zu befahrenden Feldweg. Zum Haus des Schuldners konnte ich nicht direkt vorfahren, denn eine geschlossene eiserne Pforte gab mir zu verstehen: Bis hierher und nicht weiter. Wenn ich keine Hinweise erhalten hätte, dass dort im tiefen Wald jemand wohnt, hätte ich spätestens jetzt den Rückzug angetreten. Aber Herr Z. bewohnte im Wald sein Haus und war auch dort polizeilich gemeldet. Also machte ich mich zu Fuß auf den Weg, um sein Wohnhaus zu suchen. Als ich mich durch allerlei Gestrüpp und hohes Gras zu einem alten Bruchsteinhaus vorgearbeitet hatte, fing die Suche nach dem Bewohner an. Das Haus machte nicht den Eindruck, dass dort jemand seinen Lebensmittelpunkt hätte. Ringsherum waren diverse Baustoffe und Maschinenteile in unkoordinierter Anordnung gelagert. Ich versuchte über lautes Rufen auf mich aufmerksam zu machen. Eine Reaktion kam nicht. Allerdings gaben mir einige Dinge, die ich rund um das Haus vorgefunden hatte, Grund zu der Annahme, dass dort jemand wohnte. Also ging meine Suche weiter.

Normalerweise verlässt ein Vollziehungsbeamter, wenn er niemand an der Wohnung antrifft, das Gelände. Er hinterlässt dann eine schriftliche Zahlungsaufforderung und kündigt einen erneuten Besuch an. Danach verlässt er das Grundstück. Ich war wie immer neugierig und sah mich auf dem Grundstück um. Zu dem Haus gehörte anscheinend ein größerer Wald. Da das ganze Anwesen von einer Straße nicht einsehbar war und auch kein direkter Weg dorthin führte, hatte sich in der Vergangenheit kein Mensch zu dem Anwesen verirrt. Bei meinem kleinen Streifzug durch den Wald stieß ich auf ein nahezu verrottetes Auto. Dann ging ich weiter und fand noch ein verrottetes Auto und danach noch eins usw. Dass jemand alte Autos im Wald illegal entsorgt, hatte ich schon öfter erlebt. Allerdings waren diese Funde etwas ganz Besonderes. Herr Z. bevorzugte seit den sechziger Jahren des letzten Jahrhunderts Autos der Marke Citroën. Ich hatte ungefähr zehn der einstmals schönsten Fahrzeuge der Welt dort vorgefunden, die alle nach der Stilllegung in seinem Wald verschwanden. Mir kam die Gegend vor wie ein versunkenes Automuseum. Sehr anschaulich konnte ich beobachten, wie die Natur, wenn man sie lässt, sich ihren Raum zurückholt. Die Autos waren je nach Standzeit von Gestrüpp und Geäst überwuchert. An einem der wahrscheinlich ältesten Baujahre war bereits ein komplet-

ter Baum durch den durchgerosteten Fahrzeug-
boden und durch den Innenraum und das Dach
hoch hinausgewachsen.

Aufgrund meiner ersten Eindrücke war ich
jetzt besonders gespannt auf die Person, die in
einer so ungewöhnlichen Umgebung lebte. Eine
schriftliche Zahlungsaufforderung hinterließ ich
in einem Briefkasten, der an der Grundstücks-
grenze an einem Baum befestigt war. Ein weiterer Besuch verlief allerdings ebenso wie der erste
erfolglos. Die Zahlungsaufforderung wurde von
Herrn Z. ignoriert. Bei meinem dritten Besuch
hatte ich Erfolg. Der aktuell benutzte Pkw des
Schuldners befand sich auf dem Grundstück. Es
handelte sich, wie zu erwarten war, um einen
Citroën. Ein wunderschöner Typ CX. Der war
noch im Gebrauch und wohl noch zu schade,
um im Wald zu verrosten. Da die Motorhaube
des Wagens noch warm war, ging ich davon aus,
dass jemand zu Hause sein müsse. Allerdings
kam Herr Z. aufgrund meines Rufens nicht sofort aus seinem Haus heraus. Wahrscheinlich
musste er mich zunächst aus der Ferne mustern
und überlegen, ob er sich auf mich einlassen
könne. Mit Beharrlichkeit kommt man gelegentlich zum Ziel. Ich hatte Glück, Herr Z. kam aus
seiner Behausung und tastete mich mit den
Augen ab, genauso wie ich ihn beäugte.

Es erfolgten einige vorsichtige Annäherungsversuche auf Gegenseitigkeit. Ich gab Herrn Z. zu verstehen, was ich von ihm wollte. Und er entgegnete mir, was ihm an meinem Auftrag nicht gefiel. Denn er wollte die Forderung eigentlich nicht zahlen, da er damit nicht einverstanden war. Eine lebhafte Diskussion nahm ihren Lauf. Schnell begriff ich, dass ich mit einer »harten Hand« bei Herrn Z. lediglich auf Granit beißen würde. Also ließ ich mich auf keinen Wortwechsel ein. Letztendlich hatte er die Forderung nach einigem Zögern auch beglichen. Allerdings dauerte es eine Weile, bis er sich bequemte, die Zahlung von seinem Konto anzuweisen.

Normalerweise ist ein Vollstreckungsauftrag mit einer Zahlung erledigt, und man wendet sich neuen Aufgaben zu. Bei Herrn Z. war es allerdings anders. Der Mann hatte mich nach dem Kennenlernen einfach fasziniert. Das Eis zwischen uns war gebrochen. Wenn ich in seiner Gegend dienstlich zu tun hatte, machte ich gelegentlich einen Abstecher in seinen Wald. Wenn er zu Hause war, begrüßte er mich stets freundlich, und wir vertieften uns in ein langes Gespräch. Mich faszinierte sein fundiertes Wissen über diverse Gebiete. Ich konnte mit ihm über religiöse Dinge, über Astrologie, über Technik, Naturwissenschaften, Politik und allerlei andere Bereiche diskutieren. Auf alles hatte er Antworten, die mir auch plausibel erschienen.

Wahrscheinlich hatte ich durch die Zeit, die ich mit ihm verbrachte, seine Sympathie erworben. Vielleicht lag es auch daran, dass sich selten ein Mensch zu ihm verirrte. Und schon gar niemand, der sich auf seine Diskussionen einließ. Seine Wertschätzung mir gegenüber ging sogar so weit, dass er mich an meinem Geburtstag regelmäßig anrief und gratulierte. Es blieb dann jedoch nicht dabei, dass ich seinen Glückwunsch entgegennahm und mich dann weiter um meist anwesende Geburtstagsgäste kümmern konnte. Nein, er verwickelte mich jedes Mal in die üblichen Diskussionen über seine Lieblingsthemen. Unter einer halben Stunde endete so ein Gespräch nie.

Da ich mit Herrn Z. allerlei Themen durchgekaut hatte, durfte natürlich der Bereich Frauen nicht fehlen. Vielleicht ist er zum Einsiedler geworden, weil er nach diversen gescheiterten Beziehungen mit Frauen zu der Ansicht gekommen war, nur allein könne er dieses Leben leben. Er hatte in früherer Zeit mit Frauen Schiffbruch erlitten. Das geschieht in vielen Beziehungen. Aber weswegen ich das erwähne, hat folgenden Grund. Herr Z. hatte keine gute Meinung von Frauen. Er bezeichnete sie als streitsüchtige und intrigante Persönlichkeiten, die nur dazu da seien, den Männern das Leben schwerzumachen. Er vertrat die These, dass man

Männer, die ihre Ehefrauen umbrächten, nicht wegen Mordes verurteilen solle. In den meisten Fällen würde es sich bei dem Tötungsdelikt lediglich um Notwehr handeln. Und zwar deswegen, weil eine Frau den Ehemann dermaßen in die Enge treiben würde, dass er sich nicht anders zu wehren wisse und eine Tötung im Affekt die Folge wäre. Der Ansicht konnte ich natürlich so nicht zustimmen. Aber in meiner langjährigen Ehe mit gelegentlichen Auseinandersetzungen denke ich oft an die Argumente von Herrn Z. Allerdings ist es uns bisher gelungen, Streitigkeiten verbal zu kommunizieren.

Den Kontakt zu Herrn Z. habe ich leider im Laufe der letzten Jahre verloren. Ich weiß gar nicht, ob er überhaupt noch lebt. Als ich bei ihm tätig war, hatte er schon die siebzig längst überschritten. Allerdings hatte er sich mir gegenüber so geäußert, dass er vorhatte, seinen 100. Geburtstag noch bei geistiger und körperlicher Gesundheit in seiner Umgebung feiern zu wollen. Das würde ich ihm auch gönnen. Zwischenzeitlich wird dann sicherlich noch der eine oder andere Citroën in seinem Wald zur Sammlung dazukommen.

Eine Aussage von ihm ist mir noch gut in Erinnerung geblieben. Herr Z. sagte mir einmal: »Herr Kaiser, früher hatte ich die Einstellung, dass die meisten Menschen bekloppt seien und ich sie bekehren müsse. Das hat mir nicht gutgetan, und ich hatte schlechte Laune. Mittlerweile bin ich zu der Erkenntnis gekommen, dass alle anderen Menschen intelligent und vernünftig sind. Nur ich bin der Idiot. Mit dieser Einstellung komme ich gut durch das Leben.« Mit einer solchen Einstellung kann man sicher gut leben. Er auf jeden Fall. Seit ich ihn kannte, hatte er stets gute Laune, und ein Querulant war er sicher nicht.

Die Episode mit Herrn Z. hat mir jedenfalls gezeigt, dass man erstens Menschen nicht ausschließlich nach ihrem Äußeren beurteilen sollte und zweitens sie einfach dort abholen muss, wo sie stehen. Das hilft auf jeden Fall, vermeidbare Konflikte zu umgehen.

Die Zeit ändert Menschen

... oder wie sich die Tätigkeit eines Vollziehungsbeamten auf sein Verhalten auswirkt.

Die langjährige Erledigung von Vollstreckungsaufträgen hinterlässt bei einem Vollziehungsbeamten Spuren. Ich weiß, wovon ich schreibe,
denn schließlich habe ich diese Tätigkeit genau
37 Jahre durchgeführt.

Von Beginn meiner Aufgabe im Jahre 1985
an war ich in meiner Dienstverrichtung ausgesprochen frei in der Durchführung. Ich bekam einen fest umrissenen Bezirk zugeteilt,
Vollstreckungsaufträge täglich von der Vollstreckungsstelle übersandt und hatte alle nur
denkbaren Freiheiten der Diensteinteilung. Als
Einzelkämpfer gewöhnt man sich einen eigenen Stil an. Feste Zeiten hat man nicht, deswegen gibt es gelegentlich Zoff zu Hause, wenn
die Ehefrau sich nicht auf den Mann verlassen
kann, weil er nicht pünktlich Feierabend macht.
Wenn die erteilten Aufträge ohne grobe Fehler
an die Vollstreckungsstelle zurückgegeben wer-

den, gibt es auch keine Nachfragen. Die Gefahr ist natürlich groß, es mit der Abrechnung der Dienststunden nicht so genau zu nehmen. Allerdings kann auch das Gegenteil eintreten. Man kniet sich in die Erledigung der Aufträge dermaßen hinein, dass man am Ende des Monats viel zu viele Stunden Dienst verrichtet hat. Ein gesundes Mittelmaß wäre optimal.

Mir ging es oft so, dass ich nach dem Dienst nicht abschalten konnte. Bei einer Bürotätigkeit stellt der Beamte zu Dienstende seinen Computer ab, und dann ist der Dienst bis zum nächsten Tag erledigt. Kein Gedanke mehr an die Arbeit. Da ich täglich mit vielerlei Problemen, nicht nur den finanziellen, sondern auch den privaten der Schuldner zu tun hatte, wirkten einige Begebenheiten doch weit in den Freizeitbereich nach. Zu Hause bekam ich oft die Empfehlung, doch endlich einmal abzuschalten und mich auf das Wesentliche in der Familie zu konzentrieren.

Von Natur aus bin ich ein sehr kommunikativer und mitteilungsfreudiger Mensch. Und deshalb berichte ich nach dem Dienst zu Hause meiner lieben Ehefrau gerne die erlebten Geschichten. Das kam nicht immer gut an. Zumal ich darüber die privaten Aufgaben vergessen hatte. Gelegentlich wurde ich von Angelika in die Schranken gewiesen mit den Worten: »Konzentriere dich doch lieber mal auf Sachen, die hier zu Hause wichtig sind, und vergiss nicht die Hälfte. Die Geschichten von deinen Schuldnern hängen mir langsam zum Halse raus.« Dann wusste ich, was die Stunde geschlagen hatte.

Was jedoch noch schwerer wiegt, ist die Tatsache, dass durch meine Arbeit als Einzelgänger meine Teamfähigkeit verloren ging. Mir wird oft vorgeworfen, dass ich Entscheidungen ohne Absprache völlig allein treffe. Damit mache ich mir natürlich in der Familie keine Freunde. Außerdem mache ich alles am liebsten allein. Ich frage andere Leute nur im Notfall um einen Gefallen. »Selbst ist der Mann« ist meine Devise.

Früher, sagt Angelika, sei ich ein ruhender Pol gewesen, den nichts aus der Ruhe hätte bringen können. Auch das hatte sich geändert. Ungeduld ist seit langem mein zweiter Vorname. Aber sosehr ich dagegen ankämpfe, es nützt nichts. Im Dienst bin ich stets in die alten Gewohnheiten zurückgefallen.

Nun in der Ruhezeit als Pensionär wird sich vieles ändern. Versprochen.

Die Kraftfahrzeugsteuer

Im Jahre 2014 übernahm die Zollverwaltung von den Finanzämtern die Festsetzung und Bescheidung der Kraftfahrzeugsteuer. Bis dahin war die Kfz-Steuer eine reine Ländersteuer. Da die Steuer durch gesetzliche Änderung auf den Bund überging, war nun der Zoll zuständig.

Nachdem alle bürokratischen Hürden überwunden waren, bekamen wir Vollziehungsbeamte die ersten Vollstreckungsaufträge wegen der Steuerrückstände. Wir fragten uns, wie es sein kann, dass es so viele säumige Steuerpflichtige gibt, da doch die Kfz-Steuer automatisch von den Geldinstituten eingezogen wird. Natürlich erteilt jeder Steuerpflichtige, der ein Kfz anmeldet, auch eine Einzugsermächtigung von seinem Bankkonto. Jedoch hat das Ganze keinen Sinn, wenn das entsprechende Konto keine Deckung aufweist.

Da die Finanzbehörde seit Bekanntwerden der Abgabe an den Zoll die Aufgabe der Einziehung nicht mehr sonderlich verfolgt hatte, waren bei einigen Steuerpflichtigen Rückstände von bis zu fünf Jahren angefallen. Nun ist die Erledigung der Kfz-Steuerfälle im Grunde nichts anderes als die Einziehung von Krankenkassenbeiträgen. Allerdings hat man hier die wunderbare Möglichkeit der Zwangsabmeldung von Fahrzeugen oder die Pfändung.

Da bekanntlich das Auto des Deutschen liebstes Kind ist, sind die Steuerschuldner sehr schnell bei der Sache und zahlen, wenn der Vollziehungsbeamte mit Zwangsmaßnahmen droht. Mit Pfändungen von Kraftfahrzeugen hatte ich allerhand interessante Begebenheiten, die ich im Folgenden zum Besten gebe.

Ali und sein altes Auto

Ali hatte seine Kfz-Steuer nicht gezahlt und außerdem einige Hundert Euro Rückstände bei der Berufsgenossenschaft Nahrungsmittel und Gaststätten. Er wohnte in einem Stadtteil mit hohem Ausländeranteil in einem Mehrfamilienhaus. Typischer Eingangsbereich: sechs Klingelschilder, davon nur einige beschriftet. Die Briefkästen waren auch nicht gerade ein Aushängeschild für ein gepflegtes Zuhause.

Da Ali beim ersten Besuch nicht anzutreffen war, bekam er von mir eine schriftliche Zahlungsaufforderung mit einem neuen Besuchstermin gut zwei Wochen später. Den Termin nahm ich wahr, Ali allerdings nicht. Da bei den Aufträgen über Kfz-Steuer auch das Kennzeichen des Fahrzeugs mitgeteilt wird, suchte ich rund um den Wohnblock das Auto von Ali. Ich hatte Glück. Im Hinterhof stand ein ziemlich alter und ungepflegter Opel Corsa. Unter normalen Bedingungen hätte ich das Fahrzeug nicht gepfändet, denn bei einer eventuellen Verwertung hätte der Verkaufserlös kaum die Höhe der Forderung erreicht. Allerdings klebten an den hinteren Seitenscheiben des Pkw Werbebanner mit dem Hinweis auf ein orientalisches Restaurant mit Bringdienst der Speisen.

Also nahm ich an, dass dieser alte Corsa dringend benötigt wurde zum Ausliefern von bestellter Ware. Ich klebte auf eine Fensterscheibe ein Pfandsiegel, den berühmten Kuckuck, befestigte an jeweils zwei Rädern pneumatische Wegfahrsperren, sogenannte Ventilwächter, und einen knallgelben Aufkleber mit einem Warnhinweis. Beim Versuch, das Fahrzeug zu bewegen, verlieren die Reifen langsam Luft und sind in kurzer Zeit platt.

Ich hatte ins Volle getroffen. Keine zwei Stunden später meldete sich Ali und wollte wissen, was ich mit seinem Auto angestellt habe. Scheinbar hatte er alle zugestellten Bescheide nicht gelesen oder auch nicht verstanden. Nun hieß es, Nägel mit Köpfen zu machen. Ich fuhr zu seiner Wohnung und kassierte schon einmal die Hälfte der Gesamtforderung. Den Rest wollte er mir nachmittags von den Einnahmen seines Restaurants geben. Ali wollte so schnell wie möglich den Corsa wieder frei bekommen, damit sein Mitarbeiter die bestellten Menüs ausfahren könne.

Nachdem ich die Restzahlung entgegengenommen hatte, wollte ich die Wegfahrsperren vom Pkw entfernen und die Pfändung wieder aufheben. Ich staunte nicht schlecht, als ich sah, dass das Auto auf dem Parkplatz stand und zwei Plattfüße aufwies. Ich rief Ali an und fragte nach, weshalb die Reifen platt seien. Er teilte mir mit, dass sein Mitarbeiter mit dem Auto gefahren sei. Da dieser die Warnhinweise nicht lesen konnte, hatte er gemeint, es seien Werbeaufkleber, und fuhr mit den Wagen so lange, bis alle Luft entwichen war. Er kehrte dann mit platten Reifen zum Ausgangspunkt zurück. Die Reifen werden es ihm gedankt haben.

Auf die Frage, weshalb Ali nicht eher reagiert habe, sagte er, dass er zu Beginn der Pandemie in seiner Heimat Pakistan gewesen sei. Zurück nach Deutschland kam er lange nicht, weil sämtlicher Flugverkehr in Pakistan und andere Reisemöglichkeiten verboten waren. Der Lock-down hatte auch Pakistan im Griff.

Heimaturlaub

Besonders schnell kann der Vollziehungsbeamte an die überfällige Kfz-Steuer kommen, wenn der Halter schon auf gepackten Koffern sitzt und in Kürze mit der Familie in den Sommerurlaub fahren möchte.

Der Fall: Ein bulgarischer Arbeiter, der in Deutschland bei einem Zeitarbeitsunternehmen tätig war, plante den Urlaub über mehrere Wochen in seiner Heimat. Die Kfz-Steuer für seinen alten Mercedes ML Diesel war er dem Fiskus schon längere Zeit schuldig geblieben. Er hatte allerdings die Rechnung ohne den Wirt gemacht. Nachdem eine schriftliche Zahlungsaufforderung vom Schuldner unbeachtet blieb, kam meine große Stunde. Bei einem weiteren Besuch fand ich den SUV auf dem Hof neben anderen Fahrzeugen vor. Das Pfandsiegel klebte ich unverzüglich auf die Windschutzscheibe des Fahrzeuges. Und an zwei Rädern wurden die Ventilwächter angebracht. Somit wurde es wohl nichts mit dem Start in den Urlaub.

Abwarten und Tee trinken, dachte ich, der wird sich schon noch melden. Und tatsächlich kam nach sehr kurzer Zeit ein Anruf des Schuldners. In gebrochenem Deutsch teilte er mir mit, dass er am Folgetag die Heimreise nach Bulgarien antreten wolle, um dort mit seiner Familie den Urlaub zu verbringen. Wenn ich den Vollstreckungsvorgang umgehend abgeschlossen und zur weiteren Bearbeitung an die Vollstreckungsstelle gesandt hätte, wäre die Urlaubsreise vorerst ins Wasser gefallen. Pech gehabt, hätte ich denken können, würde er seine Steuern pünktlich gezahlt haben, wäre ihm diese Prozedur erspart geblieben. Allerdings sollten die Ehefrau und die Kinder nicht unter der Schusseligkeit des Mannes leiden. Ich hatte meinen Vollstreckungsvorgang noch einmal aktiviert und den Schuldner aufgesucht. Seine Urlaubskasse wurde um ungefähr 600 Euro geschmälert, das Pfandsiegel und die Ventilwächter wurden wieder entfernt und der Familie eine gute Reise gewünscht. Wie in dem vorliegenden Fall zeigt sich immer wieder, dass man nur ein bestimmtes Druckmittel anwenden muss, dann kommt man in der Regel an sein Ziel.

Kfz-Steuer und der Anhänger

Eine weitere Variante der Vorenthaltung von Kfz-Steuer habe ich mit einem sogenannten »Reichsbürger« erlebt. Die Schuldsumme für drei Steuerfälle belief sich auf nicht einmal 200 Euro. Beim ersten Besuch des Schuldners öffnete die Ehefrau die Haustür. Ich nannte meinen Namen und meine Dienststelle. Weiter kam ich nicht. Die Frau rief mir in nicht gerade freundlicher Tonlage zu: »Schmeißen Sie es in den Briefkasten.« Und schon war die Haustür wieder zu.

Nun denn, denke ich, hier bist du anscheinend ein ungern gesehener Gast. Die schriftliche Zahlungsaufforderung folgte durch Einwurf in den Briefkasten mit einem neuen Termin. Den zweiten Besuch, der ja angekündigt worden war, nahm ich fristgerecht wahr. Dass ich auch dann nicht zu meinem Ziel kommen würde, war mir klar. Ich klingelte an der Haustüre. Nichts tat sich. Allerdings war jemand zu Hause, denn im Wohnzimmer konnte ich die Konturen einer Person hinter der Gardine entdecken.

Warte Freundchen, dachte ich, dich kriege ich auch noch. Vor dem Grundstück des Hauses stand ein doppelachsiger Kofferanhänger, der regelrecht dazu einlud, gepfändet zu werden. Also nichts wie Pfandsiegel angebracht, Ventilwächter montiert und abwarten.

Nichts tat sich in dem Falle. Eine Woche später bekam ich von der Vollstreckungsstelle einen Auftrag, den gepfändeten Anhänger abzuholen und der Verwertung zuzuführen. Pfandsachen werden nach Ablauf einer bestimmten Frist über zoll-auktion.de meistbietend versteigert. Ich staunte nicht schlecht, als ich den Anhänger nicht an seinem Platz vorfand. Allerdings war der Schuldner so großzügig, mir die an den Rädern angebrachten Ventilwächter zurückzulassen. Er hatte die Räder abmontiert und mitsamt der angebrachten Wegfahrsperren unter Zuhilfenahme eines Fahrradschlosses an der Außenseite seines Carports angeschlossen. Nun konnte ich wenigstens die Ventilwächter abmontieren und an mich nehmen. Was für ein Vollidiot, dachte ich, beendete den Fall und gab das Protokoll über den Vorgang an die Vollstreckungsstelle zurück. Für mich war es ein schnell erledigter Vollstreckungsauftrag, allerdings ohne die gewünschte Zahlung. Jetzt stand nur noch eine strafbare Handlung im Raume. Denn dadurch, dass er die Pfandsache widerrechtlich weggeschafft hatte, war der Tatbestand des Verstrickungsbruchs erfüllt. Das Hauptzollamt hatte umgehend eine Strafanzeige beim zuständigen Amtsgericht erstattet.

Einige Wochen später erhielt ich eine Vorladung vom Amtsgericht, um eine Zeugenaussage zu machen. Den Termin hatte ich natürlich wahrgenommen, allein schon aus dem Grund, den Schuldner einmal kennenzulernen. Der wiederum hatte es nicht für nötig erachtet zu erscheinen. Der Richter teilte mir mit, dass der Angeklagte bereits rechtskräftig verurteilt worden sei in erster Instanz. Da er gegen das Urteil Rechtsmittel eingelegt hatte, kam es zu einer erneuten Verhandlung. Das kam mir recht seltsam vor, denn wenn ich schon Einspruch erhebe gegen ein vermeintlich ungerechtes Urteil, dann sollte ich schon vor Gericht erscheinen. Da das nicht der Fall war, wurde das erste Urteil bestätigt und erlangte Rechtskraft. Sage und schreibe 1.400 Euro Strafe wurden dem Angeklagten aufgebrummt plus Verfahrenskosten. Und das hat er sich eingebrockt wegen läppischer 200 Euro Rückstände in der Kfz-Steuer. Was soll man dazu sagen? Manche Gedankengänge von Menschen sind nicht nachvollziehbar.

Eine böse Falle

Andrej aus Polen war ein fleißiger Arbeiter. Er kam über einen Kumpel nach Deutschland, um Geld in einem Montagebetrieb zu verdienen. Er machte es wie viele seiner Landsleute. Er suchte sich eine Unterkunft und fing an zu malochen. Gelegentlich reiste er in seine Heimat, um das Geld, welches er in Deutschland verdient hatte, anzulegen und Pläne für die Zukunft zu schmieden.

Andrej hatte durch seine Arbeit und den gemeldeten Wohnsitz im Osnabrücker Land nun seinen Lebensmittelpunkt in Deutschland. Er fuhr einen Audi A4 mit polnischem Kennzeichen. Das konnte er auch ohne Bedenken. Allerdings war er verpflichtet, das Fahrzeug bei einer deutschen Zulassungsstelle anzumelden und auch beim Zoll die Kraftfahrzeugsteuer zu entrichten. Also beim Hauptzollamt Osnabrück. Entweder aus Unwissenheit oder vorsätzlich hatte Andrej seinen Audi nicht ordnungsgemäß in Deutschland angemeldet.

Bei einer Routinekontrolle durch die Polizei fiel natürlich auf, dass Andrej den Wagen bei der Steuer nicht angemeldet hatte. Es wurde ein Strafverfahren wegen Steuerhinterziehung eingeleitet. Ferner kam nun der Zoll ins Spiel, der ihm einen Steuerfestsetzungsbescheid zustellte. Den ignorierte er geflissentlich. Einige Zeit später kam Vollziehungsbeamter Kaiser ins Spiel mit einem Vollstreckungsauftrag.

VB Kaiser nahm den Vollstreckungsauftrag in die Hand, begab sich zur Meldeadresse von Andrej und begann seinen Schuldner zu suchen. Unter der gemeldeten Anschrift fand er ein älteres Fachwerkgebäude vor, welches zu einem Appartementhaus umgebaut worden war. An dem großen Eingangstor war ein sehr großer Briefkasten angebracht mit 26 Namen darauf, allesamt polnisch klingende. Klingeln gab es dort nicht. Soll Kaiser alle einzelnen Zimmer abklappern und fragen, ob Andrej zufällig zu Hause ist? In der vagen Hoffnung, dass Andrej vielleicht verzogen sei, erkundigte er sich bei der zuständigen Meldebehörde nach ihm. Leider war A. nicht verzogen und hatte seine Wohnung offensichtlich noch unter der Adresse.

Doch so leicht gibt Kaiser nicht auf. Schließlich schlummert in ihm ein Jagdinstinkt. Der Kerl muss doch irgendwo hier in der Nähe arbeiten! Wann der wohl zu Hause ist? Von den Bewohnern des Hauses bekommt man keine Auskunft. »Die stecken doch alle unter einer Decke«, denkt sich der Vollstrecker.

Man muss sich nur zu helfen wissen und verschiedene Möglichkeiten ausnutzen. Nach zwei Telefonaten hatte ich die Anschrift des Arbeitgebers herausgefunden. Zufällig arbeitete A. bei einem Montageunternehmer am Ort. Ich könnte doch einfach einmal bei der Firma anfragen, ob der Schuldner dort noch beschäftigt ist und wann man ihn erreichen kann, dachte ich mir. Die Anfrage verlief zunächst negativ. Die Mitarbeiterin in der Anmeldung konnte keine Auskunft erteilen und die Personalsachbearbeiterin befand sich im Urlaub. Na gut, dachte ich, der läuft mir nicht weg, komme ich in ein paar Tagen noch einmal wieder. Beim Verlassen des Bürogebäudes hatte ich wie schon öfter den berühmten Blick aus dem Augenwinkel. Ich fand in der Reihe der parkenden Autos auf dem Firmengelände einen Audi A4 Kombi mit polnischem Kennzeichen. Schnell einmal nachgeschaut auf den Auftrag. Tatsächlich handelte es sich bei dem Wagen um Andrejs Fahrzeug.

Der Dame in der Anmeldung teilte ich mit, dass ich zufällig das Auto des Schuldners auf dem Parkplatz vor dem Gebäude gefunden hatte. Nun ging es darum, eine Pfändung anzubringen. Das wurde von einem der Geschäftsführer der Firma zugelassen. Er wollte sich auch um Klärung der Angelegenheit kümmern.

Gesagt, getan, der Audi wurde mit Pfandsiegeln und Ventilwächtern »geschmückt«. Nun wartete ich ab, bis der Schuldner reagierte. Es dauerte nicht lange, da bekam ich einen bösen Anruf vom ganz großen Chef der Firma. Er verlangte, die Pfändung unverzüglich aufzuheben. Einige seiner Kunden hätten schon ganz verwundert getan, als sie das gepfändete Fahrzeug gesehen hätten. Ein gepfändetes Fahrzeug am Eingang eines Firmengebäudes ist sicher kein positives Aushängeschild. Wie sich der Fall tatsächlich verhielt, konnten die Besucher ja nicht beurteilen.

Für den Folgetag wurde ein Termin mit der Geschäftsleitung vereinbart, an dem ich die fällige Steuer kassieren und die Pfändung aufheben konnte. Zum Zahlungstermin erschien der Chef, der die Forderung im Voraus für den Schuldner zahlte. Er würde es ihm vom nächsten Lohn abziehen, sage er. Der Schuldner selbst fluchte wie ein Kesselflicker über das Vorgehen des Vollstreckers. Allerdings in polnischer Sprache. Somit konnte ich die unflätigen Anwürfe nicht verstehen. Das war sicher auch besser so. Der Chef gab mir jedenfalls zu verstehen, dass es besser sei, wenn er das Gesagte nicht übersetzen würde. Eine Anzeige wegen Beamtenbeleidigung hätte mir nicht wirklich weitergeholfen. Außerdem ging es nur darum, den Steuerfall mit einer Zahlung abzuschließen. Schwamm drüber.

Mein Auftreten erzeugte jedoch eine gewisse Sogwirkung. Hinter Andrej stellten sich weitere vier Landsleute an, die alle ihre Kfz-Steuer entrichten wollten. Die mussten natürlich an das Hauptzollamt verwiesen werden. Ohne Steuerbescheid und gültigen Vollstreckungsauftrag kann auch ein noch so umtriebiger Vollziehungsbeamter kein Geld entgegennehmen.

Noch einmal Kfz-Steuer

Vertrauen und Gutgläubigkeit gehen meist einher mit einer großen Portion Naivität bzw. Dummheit. Immer wieder hatte ich es erlebt, dass Personen zur Zahlung von Kraftfahrzeugsteuer aufgefordert wurden, die das entsprechende Fahrzeug schon eine längere Zeit nicht mehr in ihrem Besitz hatten.

Man möchte sein altes Auto verkaufen, findet auch zügig einen Käufer, der den Kaufpreis bar entrichtet. Natürlich möchte der Erwerber das Fahrzeug auch gleich mitnehmen. Es wird ihm übergeben mit dem Versprechen, umgehend eine Ab- bzw. Ummeldung des Autos vorzunehmen. Nun ist die Kiste vom Hof, weit genug weg, um sie nicht mehr zu sehen. Nun wartet man auf die Abmeldebestätigung. Die kommt und kommt nicht. Allerdings häufen sich die Bußgeldbescheide über Verkehrsordnungswidrigkeiten. Zu reagieren braucht man nicht, schließlich hat man das Fahrzeug schon lange nicht mehr. Und der fällige Kfz-Steuerbescheid interessiert nicht, da das Auto längst verkauft wurde. Naivität und Ignoranz werden bestraft.

Irgendwann kommt der Vollstrecker ins Spiel. Der will Kfz-Steuer für den vergangenen Steuerzeitraum einziehen. Aber das sieht man doch nicht ein. Schließlich hat man einen Kaufvertrag, in dem vermerkt ist, dass der Käufer sich verpflichtet, das Auto umgehend auf seinen Namen umzumelden. Dann kommen so tolle Hinweise wie: »Fahren Sie doch zu dem Käufer XY und holen sich die Steuern dort ab. Er hat die Karre schließlich gekauft. Was kann ich dafür, wenn der sie nicht auf seinen Namen anmeldet.«

Und dann fangen die Probleme an. Der Käufer ist über alle Berge, womöglich im Ausland, und die Steuerveranlagung läuft. Da ist schon so mancher ins Schwitzen gekommen. Dummheit und Gutgläubigkeit sind etlichen Leuten zum Verhängnis geworden.

Von dummen und intelligenten Menschen

In meiner langjährigen Tätigkeit als Vollziehungsbeamter habe ich natürlich Menschen unterschiedlicher Bildungsniveaus kennengelernt. Die Skala beginnt bei denen, die den Bildungsauftrag von Schulen völlig verfehlt haben, bis hin zu hochintelligenten Personen in herausgehobener Stellung. Und die Leute dort abzuholen, wo sie sind, ist nicht immer einfach. Mir ist das, so glaube ich, in meiner langjährigen Tätigkeit recht gut gelungen. Obwohl wir alle die gleiche Sprache sprechen, ist es interessant zu beobachten, wie unterschiedlich diese Sprache eingesetzt wird. Leute, die das sogenannte »Bildzeitungswissen« haben, wollen anders angesprochen werden als Leute mit einem Hochschulabschluss. Allerdings haben alle angesprochenen Personenkreise eines gemein: Sie haben Schulden. Die einen mehr, die anderen weniger.

Es gibt Leute, die sind schon von Haus aus gewöhnt, mit Schulden umzugehen. Weil sie es nicht anders gelernt haben und ständig am Limit haushalten. Die sind meist entspannt, wenn man mit einem Vollstreckungsauftrag erscheint. Bei denen wird man empfangen mit den Worten: »Mit Ihnen hatte ich schon gerechnet. Da ist doch noch etwas offen.« Anderen wiederum ist es sehr peinlich. »Hoffentlich haben die Nachbarn Sie nicht gesehen.« Einige Schuldner brauchte ich nur ein einziges Mal aufzusuchen, weil eine Forderung lediglich vergessen worden war zu zahlen. Die sah man dann auch kein zweites Mal wieder. Bei anderen kommt man nach und nach dahinter, dass ihr derzeitiges Leben alles andere als rosig ist. Man will zu einer bestimmten Klasse gehören, ist aber eigentlich pleite. Da wird eine Fassade aufgebaut, die irgendwann zusammenbricht. Die Forderungen häufen sich, und die Schuldner verlieren den Überblick. Diese Leute bezeichne ich gerne als Kängurus. Sie versuchen große Sprünge zu machen mit leerem Beutel.

Ein Fall, der mir in Erinnerung ist und in das oben genannte Schema passt, ist folgende Begebenheit. Eine junge, gut gebildete Frau mit diversen Diplomen ausgestattet und geschäftlich ausgesprochen umtriebig, hatte einen Krankenkassenbeitrag nicht gezahlt. Ich besuchte sie mit einem Vollstreckungsauftrag und erlebte sie nicht gerade sehr angetan von meinem Auftritt. Man merkte ihr an, dass es ihr sehr peinlich war.

Als sie nach kurzer Zeit die Forderung beglichen hatte, teilte sie mir mit, dass sie mich eigentlich ganz nett und sympathisch fände. Allerdings möchte sie mich nicht noch einmal in ihrem Hause sehen. Warten wir es ab, es ist nicht aller Tage Abend, dachte ich. Und so kam es dann, dass ich bei der Dame ein »Dauerkunde« wurde. Sie hatte sich anscheinend in ihren geschäftlichen Beziehungen ziemlich verschätzt, und ein Insolvenzverfahren bahnte sich seinen Weg.

Solche oder ähnliche Fälle hatte ich in meiner Tätigkeit als Vollstrecker gelegentlich. Erstaunlich ist, wie Menschen sich in aussichtslosen Situationen verhalten. Der eine ist nicht krisenfest und gibt beim ersten Gegenwind auf. Ein anderer lässt sich nicht entmutigen und versucht sich wieder nach oben zu kämpfen. Schlitzohren versuchen es auf die eine oder andere Art gelegentlich unter Zuhilfenahme krimineller Energie.

Eine andere Art, ohne großen Aufwand schnellstmöglich ganz reich zu werden, habe ich Ende der achtziger Jahre kennengelernt. Ich bekam einen Krankenkassenauftrag gegen einen jungen aufstrebenden »Finanzmakler«. Der Herr hatte eine Ausbildung zum Versicherungskaufmann abgebrochen. Der Weg zu schnellem Geld ging ihm scheinbar zu langsam und war zudem noch mühsam.

Er versuchte, an das Geld anderer Leute zu ge-

langen, welches er mit einem riesigen Rendite-
versprechen anlegen wollte. Das haben vor ihm
sicher schon andere versucht. Er jedoch hatte
scheinbar den Bogen raus. Ganz klein fing er
an. Im Bekanntenkreis bot er todsichere Anlage-
formen an, die er selbst für sich nutzte. Also fanden sich einige Leute bereit, ihm gewisse Summen, meist nicht sehr viel (man ist ja vorsichtig)
anzuvertrauen. Dieses Geld war der Grundstock
für die Anhäufung von mehreren Millionen DM.

Ihm wurden 2.000,– DM anvertraut mit der
Option, das Geld zu einem Zinssatz von mindestens zwanzig Prozent oder mehr gewinnbringend anzulegen. Wenn der erste Anleger
nun sein Geld nach Ablauf der vereinbarten
Anlagefrist mit der versprochenen Rendite
zurückbekam, hatte dieser natürlich Morgen-
luft gewittert und erneut Geld angelegt. Den
vermeintlichen Gewinn hatte Herr S. allerdings
von einem weiteren Anleger abgezwackt, um
den Anschein zu erwecken, dass die Geldanlage
tatsächlich den großen Gewinn abwarf. So etwas
nennt man Schneeballsystem.

Ich weiß nicht, ob Herr S. sich erträumt hatte,
dass es Leute mit sehr viel Geld gibt, die gie-
rig nach dem schnellen Gewinn sind. Das Geld
wurde ihm scheinbar mit der Schiebkarre ins
Büro gebracht. Mittlerweile hatte unser Finanz-
jongleur ein nobles Bürogebäude in bevor-

zugter Lage im Stadtgebiet angemietet. Die entsprechende Einrichtung samt Mitarbeiterinnen in attraktivem Outfit lockten die Anleger an. Die Hochglanzbroschüren des Unternehmens waren sehr hochwertig gestaltet und erweckten den Anspruch auf Seriosität.

Ich vermute, dass das angelegte Geld in großem Maße Schwarzgeld von Steuerhinterziehern war. Herrn S. wuchs der Laden nach einiger Zeit scheinbar über den Kopf. Außerdem begann die Steuerfahndung sich für ihn zu interessieren. Dazu kam, dass einigen Anlegern die Sache nicht ganz geheuer vorkam. Etliche Leute wollten plötzlich ihr Geld zurückbekommen. Das Lügengebäude stürzte allmählich in sich zusammen.

Da viel von dem angeblich bombensicher angelegten Geld in die privaten Schatullen des Herrn S. geflossen war, gab es nicht allzu viel zu verteilen. Es kam, wie es kommen musste. Herr S. trat den Rückzug an und hatte sich nach Thailand abgesetzt. Zurück blieb ein Millionengrab an Schulden.

Ein Strafantrag jagte den nächsten. Und bei einer so hohen veruntreuten Summe hatte ein Mann vom Schlage des Herrn S. keine ruhige Minute mehr. Den Fahndern ist er schließlich an seinem neuen Domizil unter Palmen und asiatischer Sonne in die Hände gefallen. Mit einem Auslieferungsersuchen wurde er unter staatlicher Aufsicht in seine Heimat verbracht. Nach einiger Zeit in der Untersuchungshaft begann der Prozess mit diversen Verhandlungstagen. Ich denke, nicht alle Gläubiger hatten sich an dem Verfahren beteiligt. Sonst wären ihre Schwarzgeldgeschäfte aufgeflogen. Es blieben aber noch allerhand Kläger übrig, die ihm ans Leder wollten bzw. ihr Geld zurückverlangten.

Jeder Prozess endet bekanntlich mit einem Urteil. Das erwischte Herrn S. mit voller Wucht. Das Strafmaß ist mir nicht mehr bekannt. Auf jeden Fall durfte er sein Sonnenparadies für einige Jahre mit einer Gefängniszelle in der JVA tauschen. Noch im Gerichtssaal wurde Herr S. von zwei Justizbeamten in Gewahrsam genommen und seiner neuen Wohnstatt zugeführt. So sollte es jedenfalls sein. Auf der Treppe des Landgerichts ereilte Herrn S. plötzlich ein Schwächeanfall, und er brach zusammen. Anscheinend hatte ihn das Urteil sehr schwer getroffen. Der Notarzt wurde gerufen, und S. verließ auf einer Trage das Gerichtsgebäude. Als er jedoch auf dem Weg zum Krankenhaus frische Luft geatmet hatte, entwickelte er plötzlich einen unbändigen Freiheitsdrang. Wie ein junges Reh hüpfte er von der Trage und ward nicht mehr gesehen.

Jeder kennt sicher das Katz- und Mausspiel.

So auch in diesem Fall. Herr S. wurde, nachdem ihm einige Zeit der Freiheit vergönnt war, in einem afrikanischen Staat aufgespürt und gestellt. Die Heimreise nach Deutschland sollte nun für lange Zeit die letzte Reise für ihn sein. Nun wurde er unter verschärften Sicherheitsvorkehrungen seiner gerechten Strafe zugeführt.

Ich hatte Herrn S. nach vielen Jahren noch einmal getroffen. Er hatte seine Strafe abgesessen und war wegen guter Führung vorzeitig entlassen worden. Er lebte nun im nördlichen Landkreis in einem schmucken Anwesen, das allerdings natürlich nicht seines war. Gewusst wie. Jedoch muss er ständig unter der Angst gelitten haben, dass ihm einige seiner früheren Geldanleger an den Kragen wollten. Das komplette Anwesen war mit einem hohen undurchsichtigen Zaun und diversen Kameras gegen fremde Besucher abgeschottet.

Von ehrlichen und fleißigen Menschen

Im Laufe der Zeit hatte ich in meinem letzten Bezirk, in dem ich sehr lange den Außendienst verrichtete, einige Schuldner betreut, die mir sehr ans Herz gewachsen waren. Einerseits weil ich mich auf sie verlassen konnte. Andererseits weil sie durch ihre sympathische und freundliche Art mein Wohlwollen erworben hatten.

Meine Lieblingsbäckerei

Es fing an mit einem Auftrag einer Ersatzkasse um Einziehung des rückständigen Sozialversicherungsbeitrages für eine Mitarbeiterin. Ich betrat eine familiengeführte Landbäckerei mit einem urigen Ladenlokal. Die angetroffene Angestellte bat ich um ein Gespräch mit dem Chef. Er, der Bäcker, kam aus der Backstube in seinem Bäckeroutfit und erkundigte sich nach meinem Auftrag.

Er winkte nur ab und verwies mich an seine Ehefrau. Mit den finanziellen Angelegenheiten wollte er nichts zu tun haben. Wenn ich meinen Auftrag nun nach den Regeln der Vollstreckungsvorschriften erledigt hätte, wäre ich wahrscheinlich dazu übergegangen, dem Schuldner unmissverständlich zu erklären, dass ich das Ende der Fahnenstange sei. Schließlich hatte er sämtliche Zahlungsaufforderungen nicht beachtet. Eine Kassenpfändung wäre das Naheliegende gewesen.

Meine Devise war jedoch: Jeder sollte eine

Chance verdient haben. Also hinterließ ich eine schriftliche Zahlungsaufforderung und bat darum, dass sich Frau Bäckerin bei mir melden möge, um die Sache aus der Welt zu schaffen. Das geschah auch umgehend. Nach telefonischer Rücksprache wurde ein Termin vereinbart, und ich besuchte die Bäckerei ein zweites Mal.

Dann lernte ich die Frau des Bäckers kennen. Sie bot mir eine Tasse Kaffee an und suchte schon mal Bargeld zusammen und plünderte die Ladenkasse. Allerdings hatte sie nicht die volle Summe aufgebracht, die zur Erledigung meines Auftrages nötig gewesen wäre. Sie versprach, den Rest einige Tage später zu zahlen. Entgegen meiner Vollstreckungsanweisung hatte ich dem zugestimmt. Wir Vollstrecker im Außendienst haben es, anders als das Personal im Innendienst, mit Menschen im direkten Kontakt zu tun. Vom Schreibtisch aus handelt man oft anders, als wenn man den Leuten direkt gegenübersteht.

Und den treuen braunen Augen von Frau Bäckerin konnte ich nicht widerstehen. Also, noch einmal dorthin, einen Kaffee trinken und den Rest des Geldes holen. Ich ahnte da jedoch schon, dass das nicht mein letzter Besuch sein sollte. Die Angelegenheit nahm ihren Lauf. Immer wenn ich einen Rückstand zu vollstrecken hatte, rief ich Frau Bäckerin an und vereinbarte einen

Termin. Der Kaffee stand schon immer parat, wenn ich das Ladenlokal betrat. Eigentlich lief es wie geschmiert. Mittlerweile hatte ich durch geschicktes Nachfragen etliche Informationen aus dem Umfeld der Bäckerei erhalten. So rosig sah es in dem Betrieb finanziell nicht aus. Die Hausbank des Unternehmens hatte das Konto fest im Griff. Da mussten hohe Hypothekendarlehen abgezahlt werden. Es war schwierig, die laufenden Kosten wie Sozialversicherungen zu bedienen.

Mit den Ratenzahlungen lief es gelegentlich so, dass Frau Bäckerin in ihrem Büro Brötchentüten für mich in verschiedenen Schubladen im Laufe einer Woche gesammelt hatte, in denen unterschiedliche Geldbeträge aufbewahrt wurden. Wenn dann Zahltag war, legte sie mir die gesammelten Werke auf den Tisch im Bistro, an dem ich meinen Kaffee schlürfte, und verschwand wieder in der Backstube.

So hatte ich einen Auftrag nach dem anderen erledigt. Zwischendurch kam der Bäckermeister aus seiner Backstube und erkundigte sich nach meinem Befinden. Und ich mich nach seinem. Wir verstanden uns ausgezeichnet. Nur mit Geldangelegenheiten brauchte ich ihm nicht zu kommen. Wenn das Gespräch auf die Finanzen kam, verschwand er wieder in seine Backstube.

Eines Tages saß ich, wie mittlerweile fast jeden

Donnerstag, an meinem Stammplatz im Bistro und zählte munter die vielen Geldscheine. Da trat ein älterer Mann auf mich zu und fragte, ob ich noch einen Platz an dem Tisch für ihn hätte (ein zweiter Tisch war nicht vorhanden). Er wolle nicht groß stören, nur einen Kaffee trinken, sagte er. Er würde auch wohl mithelfen, das Geld zu zählen. Das ging mir dann doch zu weit. Mich hatte nur gewundert, dass es der Bäckerin nicht peinlich war. Aber davon war nichts zu spüren.

Ich hatte mich anfangs gefragt, warum die Bäckerin mich nicht in ihr Büro, das sich neben der Backstube befand, gebeten hatte. Dort hätte ich sicher auch das Geld zählen können. Schließlich war ich in dem Ort bekannt wie ein »bunter Hund«. Und wenn ich dort des Öfteren die Tageseinnahmen in aller Öffentlichkeit kassierte, dann musste es den Kunden doch dämmern, dass es mit dem Unternehmen nicht zum Besten stand. Aber nichts da.

Gelegentlich hatte ich doch Zutritt zum Büro. Es war ein Graus. Bei dem Chaos konnte es keine ordentliche Buchhaltung geben. Es lagen haufenweise Rechnungen auf dem Schreibtisch. Wahrscheinlich gab es gelegentlich eine Lotterie, und einige Rechnungen wurden gezogen und dann bezahlt. Der Rest musste warten.

Wenn die Leute, egal ob es der Bäckermeister war oder seine Ehefrau oder die Angestellten,

nicht so eine nette und freundliche Art gehabt hätten, würde ich schon einige Male eine
fruchtlose Pfändung mit den Angaben zu den
wirtschaftlichen Verhältnissen gefertigt haben.
Dann wäre ich die Aufträge los gewesen, und
der Gang der Dinge hätte sicher ein Insolvenzverfahren nach sich gezogen.

Zweimal konnte ich das Unternehmen vor der
Insolvenz retten, indem ich mich als Vermittler
zwischen Gläubiger und Schuldner eingebracht
hatte. Mit vereinbarten Ratenzahlungen hatten
wir es auch gemeinsam geschafft, den Laden wieder auf den richtigen Weg zu bringen. Zwischenzeitlich wurde dort ein Buchhalter eingestellt,
der alle Zahlungen pünktlich anwies.

In der Regel war der Donnerstag mein Land-
kreistag, und ich hatte einen festen Termin in
meiner Lieblingsbäckerei. Gegen 13 Uhr betrat
ich das Geschäft, und die freundliche Bäckerei-
fachverkäuferin, eine Dame Anfang fünfzig, bot
mir Kaffee und Kuchen an. Da konnte ich nicht
widerstehen. Sie fragte auch jedes Mal, was sie
mir kredenzen könne. Beim Anblick des großen
Kuchensortiments lief mir regelmäßig das Wasser im Mund zusammen. Im Sommer war es für
Frau R. ein besonderes Vergnügen, mir einen
ausgesprochen schmackhaften Kuchen mit der
Bezeichnung »Pflaumentraum« zu servieren.

Allerdings hatte ich in dem Laden, der mir so

ans Herz gewachsen war, auch Trauriges erlebt. Frau Pflaumentraum, die mich über lange Zeit so wunderbar bedient hatte, war eines Tages nicht im Geschäft. Ich fragte, ob sie Urlaub habe. Nein, bekam ich die Antwort, sie sei vorübergehend im Krankenhaus. Das war Ende September. Sie kam nicht wieder an ihren Arbeitsplatz. Kurz vor Weihnachten war sie einem Krebsleiden erlegen. So schnell kann es gehen.

Da der Laden Probleme mit dem Personalbestand bekam, hatten sich der Bäckermeister und seine Frau dazu entschlossen, über die Mittagszeit zu schließen. Nun kam ich aber immer noch am Donnerstag um 13 Uhr zum Kassieren. Alles kein Problem: Ich ging von hinten durch die Backstube in den Laden zum Bistrotisch. Es war dann niemand im Ladenlokal, nur in der hinteren Backstube reinigten die anwesenden Bäckergesellen ihre Arbeitsplätze. Gut erzogen, wie ich bin, ging ich natürlich nicht an fremdes Eigentum, sprich: Der Kaffee und das Stück Kuchen müssen mir schon freundlicherweise angeboten werden. Alles andere wäre unschicklich. Und außerdem für mich als Vollziehungsbeamten strikt verboten.

Wenn Frau Bäckerin von ihrer morgendlichen Tour mit ihrem Bäckerwagen kam und mich im Laden sitzen sah, mahnte sie mich stets an, mir doch den Kaffee selber aus dem Automaten zu besorgen und mich an der Kuchentheke zu bedienen. Anfangs überkam mich ein unwohles Gefühl. Aber schließlich konnte ich dem Angebot nicht widerstehen. Ich bediente mich selbst in dem Laden und wartete auf die Bäckerin und zwei weitere Angestellte, die mit den Bäckerwagen unterwegs gewesen waren. Umringt von drei netten Damen bekam ich jeweils die Geldtaschen mit den Einnahmen von den Wochenmärkten, und die Zeremonie des Geldzählens begann.

Von meiner Sachbearbeiterin des Innendienstes bekam ich gelegentlich einen Rüffel wegen meiner unkonventionellen Arbeitsweise. Aber sie wusste genau, dass man mich alten, erfahrenen Knochen nicht mehr umerziehen könne. Gott sei Dank hatte ich meine Steffi im Innendienst, die oft genug beide Augen zudrückte. Es brauchte sich jedoch noch kein Gläubiger über mich zu beklagen, weil ich die Aufträge nicht zur vollen Zufriedenheit erledigt hätte. Weshalb auch, denn jeder hatte sein Geld bekommen.

Der Maler

Selbstständige Handwerker können, wenn sie fleißig sind, genug Aufträge auf dem Schreibtisch und solvente Kunden haben, gutes Geld verdienen. Wenn jedoch bei kleinen Betrieben die Buchhaltung zu wünschen übrig lässt und dazu noch Kundengelder in fünfstelliger Höhe ausfallen, dann bleibt meist nur der Gang zum Insolvenzgericht. Nicht so mein Maler und Anstreicher, Herr H. Er kämpfte mit allen Kräften darum, eine größere Summe, die ihm durch die Insolvenz eines Kunden durch die Lappen gegangen war, mit viel Arbeit wieder auszugleichen.

Da Herr H. als Einzelunternehmer, auch als »Einzelkämpfer« sein Geschäft betrieb, war ihm die Buchhaltung etwas aus dem Ruder gelaufen. Da ich ihn tagsüber nicht antraf, weil er von früh bis spät seine Baustellen abarbeitete, besuchte ich ihn eines Abends. Jedoch traf ich nur seine Ehefrau an. Sie bat mich ins Haus und fragte nach dem Grund meines Besuches. Sie war nicht sehr begeistert und rief ihren Ehemann an und fragte, wann er wieder zu Hause sei, sie

habe einen geschäftlichen Besucher im Wohnzimmer stehen, der eine Forderung mittels
Zwangsvollstreckung beitreiben wolle. Innerhalb weniger Minuten war Herr H. zu Hause.
Mein Dienstgeschäft wurde ziemlich schnell mit
einer Zahlung abgewickelt. Herr H. begleitete
mich anschließend noch zu meinem Auto und
flüsterte mir zu: »Herr Kaiser, wenn Sie noch
einmal Forderungen gegen mich haben, dann
rufen Sie mich bitte an. Dann komme ich zu
Ihnen ins Büro und zahle dort. Jetzt hat meine
Frau das mitbekommen, nun habe ich wieder
vierzehn Tage stille Post.« Da wusste ich, wo in
der Beziehung der Hase langläuft.

Im Anschluss an den Vorfall häuften sich
die Aufträge gegen Herrn H. Einen dermaßen
zuverlässigen Schuldner hatte ich nur selten.
Wenn ich einen aktuellen Vollstreckungsauftrag bekam, rief ich ihn an und vereinbarte einen
Zahlungstermin im Büro. Und das lief wie geschmiert. Allerdings dauerten die Besuche von
Herrn H. meist etwas länger. Es liegt vielleicht
an meiner Art, mit Menschen umzugehen. Herr
H. erzählte mir von seinen Schwierigkeiten, an
das Geld seiner Kunden zu kommen. So einige
private Dinge wurden von ihm auch geschildert.
Im Laufe der Zeit entwickelte sich ein sehr
persönliches Verhältnis, und ich bekam interessante Einblicke in das Geschäftsleben eines

selbstständigen Handwerkers. Herr H. hat aber seinen Laden wieder in den Griff bekommen. Als er seine finanziellen Rückstände bei diversen Gläubigern abgearbeitet hatte, konnte er seine laufenden Verpflichtungen wieder einhalten.

Bemerkenswert an solchen Leuten wie Herrn H. ist, dass sie nicht so schnell aufgeben und versuchen, eine Schieflage im Unternehmen aus eigenen Kräften zu beseitigen. In vielen ähnlichen Fällen hatten die Schuldner ziemlich schnell den Gang zum Insolvenzgericht eingeschlagen. Dann wurde das Unternehmen abgewickelt, die Gläubiger blieben auf ihren Forderungen sitzen, und der Schuldner gründete ein neues Unternehmen. Dann wurde eine GmbH eröffnet mit einem Geschäftsführer, der lediglich als Strohmann diente.

Der Heiratsschwindler

Ende der achtziger Jahre lernte ich eine interessante Figur kennen, nämlich Heinrich W. Der hatte Schulden noch und nöcher aus früherer Tätigkeit als Unternehmer. Da ihm der Broterwerb mit fleißiger Arbeit nicht gelang, hatte er sich auf ein anderes Betätigungsfeld begeben. Das weibliche Geschlecht war von nun an sein Ziel. Durch seine Art und sein Äußeres hatte er eine Zeit lang Erfolg bei einsamen Frauen. Gelegentlich kam er mit dem Gesetz in Konflikt, weil die Damen, denen er vielerlei Versprechungen gemacht hatte, auf seinen Schwindel mit Heiratsversprechen nicht reingefallen waren. Er wollte sich einfach nur ein angenehmes Leben ermöglichen mit dem Kapital von gut situierten Frauen.

Doch mit zunehmendem Alter und seinen gesundheitlichen Problemen konnte er bei den Damen nicht mehr punkten. Seine Streifzüge durch die Tanzcafés in der Umgebung verliefen immer häufiger erfolglos. Bei mir hat er sich einmal ganz böse über die heutige Damenwelt beklagt. Die Frauen seien früher großzügiger

gewesen. Wenn er heute eine Dame zum Tanz-
tee ausführen würde, müsse er in den meisten
Fällen seine Getränke selbst bezahlen. Dabei
hätten die Damen doch in der Regel Geld wie
Dreck und müssten ihm dankbar sein, dass er
sie ausführe und unterhalte. Heinrich W. lebte
in einer anderen Welt. Meinen letzten Besuch
bei ihm hatte ich in einem kleinen, bescheiden
eingerichteten Appartement. Dort lebte er von
der Sozialhilfe. Mittlerweile wird er sicher verstorben sein. Manchmal läuft es eben nicht so,
wie man es sich wünscht.

Der Playboy

Meine Kollegen und ich trafen uns allmorgendlich im Büro an der Pagenstecher Straße. In der Regel gingen wir vor dem Außendienst noch auf einen Kaffee in ein nahegelegenes Café. Dort war mir eines Tages ein Paar aufgefallen, das dort regelmäßig frühstückte. Die beiden waren, so schätzte ich, verheiratet, jedoch nicht miteinander. Der Mann in einem Outfit eines Playboys, wie man ihn sich klischeehaft vorstellt. Die junge Frau an seinem Tisch passte äußerlich sehr gut zu dem Herrn. Auch das Auto, mit dem die beiden vorfuhren, passte so ganz ins Bild. Das BMW 6er Coupé sah schon richtig teuer aus. Es wäre auch nicht weiter erwähnenswert, wenn ich nicht, neugierig wie ich nun einmal bin, beim flüchtigen Blick ins Innere des Fahrzeuges auf der Mittelkonsole eine Visitenkarte des Fahrers gesehen hätte. Dort waren der Name des Mannes und die Firma, die er sein Eigen nannte, deutlich zu lesen.

Unser Playboy war von Beruf Dachdeckermeister mit eigenem Betrieb im Landkreis. Erstens sah der Typ nicht aus wie ein echter

Dachdecker. Zweitens konnte ich mir nicht vorstellen, dass der Inhaber eines Handwerksbetriebes unter der Woche Zeit findet, mit seiner Freundin stundenlang in Cafés zu sitzen, ohne sich um seine Baustellen und die Mitarbeiter zu kümmern.

Mein siebter Sinn hatte mich nicht enttäuscht. Es dauerte nicht lange, da bekam ich die ersten Vollstreckungsaufträge gegen genannte Dachdeckerfirma. Im Büro des Betriebes hatte die Ehefrau des Playboys das Sagen. Die Dame sah sehr bodenständig aus und hatte sicher keine Ahnung, was ihr Göttergatte tagsüber trieb. Jedenfalls befand sich der Betrieb seit einiger Zeit in einer desolaten Lage. Ein Insolvenzverfahren wurde bereits eingeleitet.

Später, als der Betrieb »abgewickelt« worden war, besuchte ich unseren Playboy in seiner kleinen Wohnung. Der Betrieb war weg, die Ehefrau hatte sich von ihm getrennt, und der BMW hatte sich auch in Luft aufgelöst. So wie es aussah, hatte sich die Frühstücksfreundin auch verdünnisiert. Geblieben war nur ein großer Schuldenberg. In dem Zusammenhang fällt mir das alte Sprichwort ein: »Schuster bleib bei deinem Leisten«.

Das Bundes verwaltungsamt

Das Bundesverwaltungsamt in Köln ist eine sinnvolle Einrichtung für Studierende, die ihren Lebensunterhalt ohne staatliche Unterstützung nicht bestreiten könnten. Wenn das Studium mit einem guten Abschluss endet und der aufstrebende Absolvent danach gutes Geld verdient, kann er seine BAföG-Darlehen sicher fristgerecht zurückzahlen. Aber nicht alle Studierende schaffen es bis zum Ende der Ausbildung, brechen ab und suchen sich andere Betätigungsfelder. Manche gehen allerdings vollkommen unter und bestreiten dann ihren Lebensunterhalt mittels Gelegenheitsarbeiten.

Einen typischen Fall von »verkrachter Existenz« hatte ich zu bearbeiten. Ein junger Mann mit abgebrochenem Studium sollte etwa 12.000,– DM Bafög-Leistungen an das Bundesverwaltungsamt zurückzahlen. Er hatte bisher auf keinerlei Anschreiben reagiert. Selbst die Androhung einer Wohnungsdurchsuchung konnte ihn nicht aus der Deckung locken. Zufällig hatte ich eines

Tages in der Nachbarschaft des Schuldners zu tun und unternahm einen letzten Versuch, ihn anzutreffen.

Wie es der Zufall wollte, hatte ich den Schuldner angetroffen. Der junge Mann ließ mich auch in seine Wohnung, und ich spulte mein übliches Programm ab. Ein Rundumblick durch die Wohnung ließ darauf schließen, dass dort keine pfändbaren Gegenstände zu finden waren. Die Auskünfte des Schuldners über seine wirtschaftlichen Verhältnisse waren sehr spärlich. Ich musste ihm jedes einzelne Wort aus dem Munde entlocken. Sein Einkommen als Aushilfstaxifahrer war nicht gerade üppig. Dennoch bot mein Schuldner eine Ratenzahlung an. Mehr als 150,– DM monatlich konnte er allerdings nicht aufbringen. Bei der großen Schuldsumme und den weiter auflaufenden Zinsen konnte sich der Mann auf eine lange Ratenzahlung einstellen.

Ich erkundigte mich nach seinem Girokonto, das allerdings nur ein geringes Guthaben verzeichnete. Beiläufig fragte ich noch nach einem eventuell bestehenden Sparkonto. Auf die Frage antwortete er wahrheitsgemäß, dass er ein Sparkonto besitze und dort auch ein Guthaben bestehe. Er legte es mir nach Aufforderung vor, und ich musste doch leicht stutzen. Auf dem Konto lagen sage und schreibe 14.000,– DM.

Als ich dem Schuldner daraufhin sagte, dass

sich der Antrag auf Ratenzahlung somit erledigt hätte, war er doch ein wenig geplättet. Er konnte es nur langsam registrieren, dass ich ihm nun die komplette Schuldsumme wegnehmen würde. Schließlich wollte er das Geld für schlechte Zeiten bunkern. Auf die Frage, weshalb er nicht auf die vielen Anschreiben in dieser Sache reagiert hätte, antwortete er: »Ich bin psychisch krank und leide unter einer Postphobie. Ich kann keine Briefe öffnen. Wenn ich zum Briefkasten gehe, bekomme ich Schweißausbrüche und kann die Post nicht öffnen.«

Bis dahin konnte ich mir eine solche Krankheit nicht vorstellen. Aber tatsächlich befanden sich in der Wohnung des Schuldners unzählig viele Postsendungen, die ungeöffnet überall herumlagen. Den Vollstreckungsauftrag konnte ich jedenfalls zügig erledigen, indem ich den Schuldner in mein Auto einlud und wir zur nächsten Bankfiliale fuhren. Dort hob er die geforderte Summe vom Sparbuch ab, und ich brachte ihn zu seiner Wohnung zurück. Für einen Vollziehungsbeamten ist es stets beglückend, wenn er einen Vollstreckungsauftrag mittels Zahlung erledigt. Etwas anderes möchte er auch nicht.

Bundesverwaltungsamt – Teil zwei

Interessante Leute lernte ich kennen, wenn das Bundesverwaltungsamt Konsularhilfe zurückforderte. Da es in der Vorinternetzeit keine Vernetzung von Dienststellen im Ausland gab, kamen gelegentlich Weltenbummler auf die Idee, ihre Reisekosten mit Hilfe von Konsularhilfe finanzieren zu lassen. Befindet sich ein deutscher Bundesbürger im Ausland, egal auf welchem Kontinent, und er steht plötzlich vollkommen mittellos da, dann kann er bei dem zuständigen Konsulat eine einmalige finanzielle Hilfe beantragen, damit er wieder nach Deutschland zurückkehren kann. Die Konsularhilfe ist ein Darlehen und muss anschließend zurückgezahlt werden. Doch davon wollen dann meine »Kunden« oft nichts wissen. Ein besonders dreister Fall lag mir einmal vor, bei dem diverse Reisen um den Globus vom BVA finanziert worden waren. Der Schuldner hatte jeweils in dem Land, das er gerade bereist hatte, eine Konsularhilfe beantragt. Als Grund gab er stets an, überfallen worden zu sein und keine Bargeldreserven mehr im Besitz zu haben. Hatte er die Hilfe dann erhalten, reiste er in das nächste Land und holte sich dort wieder die »Spesen« vom BVA. Seine bevorzugten Reiseziele waren Lateinamerika und Afrika. Man muss nur unverfroren genug sein und den Bogen raushaben, dann kann man billig reisen.

Wie gewonnen,
so zerronnen

Ein Vollziehungsbeamter ist stets bemüht, seine Vollstreckungsaufträge mit einer Zahlung des Schuldners abzuschließen und das Geld den Gläubigern zukommen zu lassen. Gelegentlich ist es sehr umständlich, an das Portemonnaie der Schuldner zu gelangen. In dem vorliegenden Fall hatte ich eine Summe von etwa 2.000,– DM für eine Krankenkasse beizutreiben. Die junge Schuldnerin war nicht zur Zahlung zu bewegen. Sie reagierte auf keine Zahlungsaufforderung und war auch nach mehrmaligem Besuch nie in ihrer Wohnung anzutreffen. Es lagen uns keinerlei Informationen vor, womit die Schuldnerin ihren Lebensunterhalt bestritt, und wir hatten auch keine Angaben über ein Konto, das man hätte pfänden können. Mit einem Durchsuchungsbeschluss des Amtsgerichts verschaffte ich mir Zutritt zur Wohnung der Schuldnerin. Pfändbare Gegenstände wurden nicht gefunden, und auch sonst konnte ich keine für uns verwertbaren Daten ermitteln. Also wurde der Auftrag mit einem Protokoll über eine fruchtlose Pfändung abgeschlossen und der Vollstreckungsstelle zur weiteren Bearbeitung übersandt.

In der Wohnung der Schuldnerin hatte ich eine Mitteilung über die Durchsuchung hinterlegt. Sie wusste also, was die Stunde geschlagen hatte. Sie wollte nun weiterem Ärger aus dem Wege gehen. Einige Tage, nachdem ich den Auftrag erledigt hatte, wurde die komplette Schuldsumme von der Schuldnerin auf das Konto der Zollzahlstelle überwiesen. Nun kommt ein ganz besonders schlauer Kollege aus dem Innendienst ins Spiel. Da er den von mir erledigten Fall bereits mit meinem Protokoll an die Krankenkasse zurückgesandt hatte, war die Sache für ihn auch erledigt. Er überwies das Geld postwendend an die Schuldnerin zurück mit dem Hinweis, dass der Vollstreckungsstelle kein Vollstreckungsauftrag mehr vorläge.

Als ich das mitbekam, wusste ich nicht, ob ich lachen oder weinen sollte über so viel Dämlichkeit. Der Kollege fühlte sich auch noch im Recht und konnte meinen Ärger nicht verstehen. Schließlich hatte er den Auftrag doch erledigt. Somit kann er doch kein Geld annehmen. Ich teilte ihm freundlich mit, dass die Krankenkasse sich sehr über die Summe gefreut hätte. Er hätte sie nur dorthin zu überweisen brauchen. Nun wollte er seine Scharte auswetzen und sandte der

Schuldnerin eine neue Zahlungsaufforderung. Die blieb jedoch unbeantwortet. Also abhaken unter der Rubrik »Dumm gelaufen«.

Der Berufsreiter

Nachdem ich die letzten Fälle aus der Vor-Euro-Zeit beschrieben habe, nehme ich mir nun einige Vorgänge aus neuerer Zeit vor. Ich lernte einen russischen Profireiter kennen, der im Landkreis ein großes Anwesen gepachtet hatte und sich dort teure Reitpferde hielt. Er reiste viel in der Welt umher, um für kapitalkräftige Leute auf Turnieren Spitzenpferde zu reiten. Mit seiner Buchhaltung stand er jedenfalls auf dem Kriegsfuß. Ich bekam in regelmäßigen Abständen Vollstreckungsaufträge von Krankenkassen und der Berufsgenossenschaft. Gelegentlich war er auch rückständig mit der Kraftfahrzeugsteuer. Anfangs lief es mit der Zahlungsmoral des Herrn recht gut. Doch er meinte zwischendurch, mich nicht ganz so ernst nehmen zu müssen. Es begann damit, dass er Zahlungstermine nicht einhielt, oder er war dann plötzlich für längere Zeit im Ausland auf Turnieren. Außerdem weigerte er sich permanent, Beiträge für die Berufsgenossenschaft zu entrichten. Er bezeichnete diese Behörde als staatlich organisierte Mafia. Ich konterte und gab ihm zu verstehen, dass er als Russe doch wohl nicht glauben würde, dass eine staatliche Institution ein Mafiaverein sei. Wir seien schließlich Deutschland und nicht Russland. Das Thema war damit erledigt.

Aber zahlen wollte er trotzdem nicht. Eines Tages fuhr ich auf meiner Landkreistour in einer kleinen Stadt an einer Bank vorbei, vor deren Eingang einer der Porsche meines Reiters stand. Ich war schon fast daran vorbei, als ich aus dem Augenwinkel meinen Freund Vladimir aus der Bank kommen sah.

So, dachte ich, nun werden wir einmal einen Versuch starten, um der Berufsgenossenschaft zu ihrem Geld zu verhelfen. Ich bat meinen Innendienst, bei der Bank eine Kontopfändung zu veranlassen. Und siehe da, es war ein Volltreffer. Die komplette Schuldsumme für die Berufsgenossenschaft wurde von der Bank an die Zollzahlstelle überwiesen. Einige Zeit später hatte ich erneut eine Forderung bei Vladimir einzutreiben. Er grinste mich an, als ich ihn antraf, und holte sogleich das geforderte Geld aus seinem Büro. »Nicht wieder Konto pfänden«, bat er mich höflich. Natürlich machen wir das nicht, wenn die Schuldsumme gezahlt wird. Der arme Kerl war nämlich zu der Zeit, als die Kontopfändung bei der Bank einging, gerade in Moskau auf einem Turnier. Als er Geld vom Konto abheben wollte, war seine Kreditkarte weg, auf Nimmerwiedersehen im Automaten verschwunden. Nun stand Vladimir über ganz Ostern in Moskau ohne Geld da. Die Pfändung war nämlich am Gründonnerstag bei der Bank eingegangen. Und über die gesamten Feiertage konnte er natürlich niemanden erreichen, der die Pfändung hätte aufheben können. Ab dem Zeitpunkt bekam ich keine Vollstreckungsaufträge mehr gegen meinen Reiterfreund. Es ist eben alles eine Sache der Erziehung.

Murat

Eine ganz besondere Spezies von Schuldner ist mein »Freund« Murat. Der gehört zu der Sorte »Tausendsassa«. Das sind Leute, die alles anfangen, nichts zu Ende bringen, unzuverlässig bis auf die Haut sind und trotzdem irgendwie mehr oder weniger erfolgreich durchs Leben kommen.

Murat lebt mit Frau und zwei Kindern im Landkreis und ist stets unterwegs für alle möglichen Arbeitgeber. Gelegentlich tritt er auch als Selbstständiger auf, um an schnelles Geld zu kommen. Ob er heute Autos verkauft oder morgen als Trockenbauer im Baugewerbe tätig ist oder Geld für Kurierfahrten verdient, irgendetwas macht er immer. Allerdings ist er auch ständig klamm. Sagt er jedenfalls. So ganz blickt man bei solchen Typen nie durch.

Ich hatte eine Summe von etwa 1.300,– € zu vollstrecken. Es waren Rückstände aus der Kraftfahrzeugsteuer für drei Autos, die er allerdings alle nicht mehr sein Eigen nannte. Eine Ratenzahlung hatte er bereits bei der Kraftfahrzeugstelle in Osnabrück angeboten, die er jedoch nicht eingehalten hatte. Nun kam ich als Vollstrecker auf den Plan. Zunächst bekam er eine schriftliche Zahlungsaufforderung mit einem neuen Termin zugestellt. Den Termin hatte er nicht eingehalten. Allerdings traf ich seine Ehefrau an, die von nichts wusste und die Ahnungslose spielte. Von ihr bekam ich glücklicherweise die Handynummer ihres Mannes. Nun konnte ich wunderbar mit Murat kommunizieren. Das brachte aber nur bedingt Erfolg. Den ersten, fest zugesagten Termin »Isch schwöre bei Allah« hatte Murat schon mal nicht eingehalten. Gegen die Aussage »Isch schwöre« bin ich seit längerem schon allergisch. Immer wenn der Ausdruck von einer bestimmten Klientel gebraucht wird, weiß ich, dass ich den Zusagen der Schuldner keinen Glauben schenken kann. So auch bei Murat.

Murat hatte aber wenigstens bei mir angerufen und sich entschuldigt, weil er den Termin mit »Isch schwöre« nicht einhalten konnte. Er musste gerade an dem Tag mit seinen Eltern nach Münster fahren wegen einer nicht aufzuschiebenden Familienangelegenheit. Glauben wir das mal. Nun renne ich hinter einem neuen Termin her. »Du, Kaiser, isch komme am Freitag in dein Büro um genau 10 Uhr, und dann zahle ich alles.« »Nein«, entgegnete ich, »du kommst um neun Uhr, weil ich danach Termine habe und das Büro nicht mehr besetzt ist.« »Ja gut, dann um neun.«

Murat kam nicht um neun, um zehn auch nicht. Konnte auch nicht sein, denn er hat es ja schließlich auch nicht geschworen. Telefonisch zur Rede gestellt, antwortete er, dass er nicht kommen konnte, da er schon früh in Bielefeld sein musste, um einen dringenden Auftrag zu erledigen. Aber jetzt könnten wir einen neuen Termin machen, da er alles auf einmal zahlen würde. Ich wurde wegen der vielen Ausflüchte etwas ungehalten und sagte ihm ins Telefon mit unmissverständlicher Stimme: »Mein lieber Murat, wenn du den Termin nicht einhältst, dann jage ich dich, bis ich dich finde, und dann schneide ich dir die Eier ab.« »Was willst du?«, schrie er zurück. »Du hast mich schon richtig verstanden, ich mache Ernst.« Er lachte jedenfalls, und ich war gespannt, wie der Fall nun enden würde.

Einige Tage später hatten wir einen Termin, den Freund Murat sogar eingehalten hatte. Nach Abzug einer Rate ging es nun nur noch um 700 Euro. Wir trafen uns auf dem Parkplatz eines großen Baumarktes. Murat kam an mein Auto, legte mir 350,– € auf das Armaturenbrett und wollte ganz eilig wieder verschwinden. Da er eigentlich alles komplett zahlen wollte, fehlten noch 350,– €.

»Zahle ich nächste Woche, isch schwöre.« »Denk an deine Eier«, gab ich ihm mit auf den

Weg. Murat, muss man wissen, hat eine so charmante Ausstrahlung, dass man ihm einfach nicht böse sein kann. Er ist manchmal noch wie ein Kind. Als ich mich einige Zeit vorher bei der Kraftfahrzeugsteuerstelle nach dem Rückstand von Murat erkundigte, konnten sich die Damen der Sachbearbeitung sofort an ihn erinnern. »Der war doch letztens hier. Das war doch der mit den tollen grünen Augen, denen keine Frau widerstehen kann«, erfuhr ich dort.

Aber noch einmal zu dem Vorfall auf dem Parkplatz. Murat, ganz in einen Blaumann gehüllt, hatte es sehr eilig. Er wollte im Baumarkt ganz dringend Baumaterial besorgen, um eine Baustelle noch heute fertig zu bekommen. Da er alles in bar zahlen müsste, könnte er mir nur die 350,– € geben, sagte er. Aus seiner Tasche zog er allerdings ein großes Geldbündel mit 10.000 Euro. Zeigte es, steckte es ein, grüßte freundlich und verschwand. »Den Rest bekommst du nächste Woche«, rief er mir noch zu (ohne »isch schwöre«). In der Woche darauf hatte er tatsächlich die Restforderung an mich entrichtet.

Mein Nachfolger in dieser Tätigkeit wird mit Sicherheit in Zukunft noch öfter mit Murat zu tun haben, isch schwöre.

Anmerkungen
zwischendurch

Wie ich anfangs schon erwähnte, sind meine Schuldner keine Maschinen, die man nur zu bedienen braucht und dann funktionieren sie. Ich versuche stets, die Situation schon von Beginn an zu entspannen. Irgendetwas fällt mir immer ein, um eine lockere Unterhaltung zu starten. Wenn die Schuldsumme nicht sofort an mich entrichtet werden kann, bin ich gehalten, die wirtschaftlichen Verhältnisse der Schuldner nach einem vorgegebenen Muster zu ermitteln. Dann beginnt es mit der Frage nach dem Familienstand. Selbst zu einer so einfachen Frage müssen einige Leute noch überlegen. Die kennen nicht den Unterschied zwischen »geschieden« und »getrennt lebend«, oder »geschieden« und »wiederverheiratet«. Dann kommen so Antworten wie: »Ich bin verheiratet, aber nicht in Deutschland, sondern in der Türkei. In Deutschland gelte ich als ledig.« Oder: »Ich habe zwei Frauen in Ghana mit vier Kindern, und hier in Deutschland habe ich eine Freundin mit zwei

Kindern, für die ich Unterhalt zahlen muss.« Da kommen die abenteuerlichsten Konstrukte zusammen.

Interessant wird es, wenn man die Zusammensetzung von Familien prüft. Bei Vater, Mutter und Kindern, die allesamt zusammengehören, ist das noch relativ einfach. Kompliziert wird es bei den sogenannten »Patchworkfamilien«. Da geht es um »meine Kinder, deine Kinder, unsere Kinder«. Wer muss für wen Unterhalt zahlen, und wie viel Kindergeld bezieht die Familie. Um diese Angaben in die richtige Reihenfolge zu bekommen, müssen meine Schuldner teilweise lange überlegen.

Ich habe festgestellt, dass in sehr vielen Fällen, wenn es um die Aufzählung der Kinder geht, Männer teilweise lange überlegen müssen, welche Geburtsdaten die Kinder haben. Das passiert Frauen meistens nicht. Fragt man allerdings den Mann nach den Daten seines Autos, dann kommt es wie aus der Pistole geschossen. Der weiß, wie alt der Wagen ist, wie viel Kilometer er auf dem Tacho hat und welches Kennzeichen angebracht ist. Damit sind Frauen gelegentlich überfordert. Wenn man nach dem Auto fragt, kommen dann solche Antworten wie: »Wir haben einen Golf ... glaube ich ... oder einen Opel? Das Kennzeichen? Keine Ahnung, muss ich meinen Mann fragen.« Man kann eben nicht alles wissen.

Interessante Antworten bekomme ich in der Regel, wenn ich mich nach dem vorhandenen Vermögen erkundige. Eigentlich erübrigt sich eine solche Frage, denn wenn Vermögen vorhanden wäre, hätte ich sicher keinen Vollstreckungsauftrag in der Tasche. Oft frage ich, um eine Situation zu entspannen: »Haben Sie zufällig den Lottojackpot letzte Woche geknackt?« Die Antwort ist natürlich: »Nein, das wäre schön, dann wären wir sicher nicht mehr hier.« In der Regel wollen bei einem Lottogewinn fast alle Leute so schnell wie möglich verschwinden und sich ein schönes Leben machen. Und alle versprechen auch, umgehend ihre Schulden bezahlen zu wollen. Daran zweifle ich jedoch. Ich denke, die Schuldner lassen alle Verpflichtungen hinter sich und verdrücken sich klammheimlich.

In der Regel komme ich ohne große Schwierigkeit in die Wohnung der Schuldner. Das liegt wahrscheinlich an meinem seriösen Auftreten. Und wenn ich dann noch einige lockere Bemerkungen mache, die dazu dienen, Zugang zu den Schuldnern zu erlangen, dann ist in den meisten Fällen das Eis gebrochen, und ich bekomme alle Auskünfte, die ich zur Erledigung meiner Aufträge benötige, ohne große Probleme. Manche Menschen brauchen nur einen kleinen Anstoß, dann erzählen sie mir ihr halbes Leben.

Daraus ziehe ich mir die Informationen, die ich für die Erledigung benötige. Oft hat man mit Menschen zu tun, die aufgrund ihrer Situation keine sozialen Kontakte pflegen, nie Besuch bekommen und auch familiär nicht eingebunden sind. Ich als Vollstrecker kann natürlich die persönliche Lage der Leute nicht ändern. Aber es reicht häufig, wenn man geduldig zuhört und den Schuldner einfach seine Sorgen und Nöte von der Seele reden lässt. Dann kommt es schon einmal vor, dass der Schuldner sich für den Besuch bedankt.

Der kranke Herr T.

An einen schwierigen Fall aus dem Jahr 2017 kann ich mich gut erinnern. Ich bekam einen Vollstreckungsauftrag einer großen Ersatzkasse über ca. 18.000,– € gegen einen etwa fünfzigjährigen Mann. Die Forderung setzte sich zusammen aus den monatlichen Rückständen seiner Krankenversicherung. Da der Schuldner auf Anfrage der Krankenkasse über seine Einkommensverhältnisse nie Auskunft gegeben hatte, wurde er über einen langen Zeitraum zum Höchstbeitrag von über 800 Euro monatlich versichert. Wenn ich solche Aufträge erhalte, weiß ich, dass in dem Versicherungsverlauf in der Regel etwas schiefgegangen ist.

In diesem Fall war nämlich so ziemlich alles schiefgelaufen. Als ich den Schuldner aufsuchte, fand ich seine Wohnung im Hinterhof eines Vierfamilienhauses. Die Wohnung sah von außen aus wie eine etwas größere Hütte, in der man Gartengeräte und Fahrräder unterbringen würde. Dem war jedoch nicht so, denn dort wohnte Thomas T. Allerdings konnte man von wohnen nicht sprechen. Es bedurfte mehrerer Anläufe, bis der Schuldner überhaupt bereit war, mich zu empfangen. Als er mich nach meiner Aufforderung endlich einmal in seine Hütte ließ, tat sich ein fürchterliches Chaos vor mir auf. Die Wohnfläche des Schuldners umfasste in zwei Zimmern höchstens dreißig Quadratmeter. Die konnte Herr T. jedoch nicht nutzen, weil er jeden Zentimeter mit Unrat vollgestellt hatte. Neudeutsch nennt man so eine Person »Messie«.

Herr T. machte einen recht netten Eindruck, war aber nicht sehr auskunftsfreudig über seine wirtschaftlichen Verhältnisse. Mit viel Geduld und Einfühlungsvermögen konnte ich ihn jedoch dazu bewegen, mir sein Desaster zu schildern. Er hatte vor einigen Jahren aufgrund einer Erkrankung seine Arbeitsstelle verloren. Scheinbar litt er auch deswegen an einer Depression. Ein künstlicher Darmausgang wegen einer chronischen Darmerkrankung gab ihm den Rest. Er war mittlerweile so weit, dass er sich kaum noch aus dem Haus traute und schon gar nicht den Gang zum Jobcenter schaffte, um wenigstens Arbeitslosengeld zu beantragen. Miete brauchte er nicht zu zahlen, denn das Anwesen gehörte seiner Mutter. Sein Vater war vor zwei Jahren verstorben.

Ich versuchte, ihm den Weg zum Jobcenter anzuraten, damit er wieder in die reguläre

Krankenversicherung aufgenommen würde und sein bescheidener Lebensunterhalt gesichert sei. Ebenso riet ich ihm, umgehend die Krankenkasse zu kontaktieren, damit die Höhe der Forderung zurückgenommen würde. Er versprach, sich nun doch um alles zu kümmern. Es bedurfte jedoch noch einiger Anläufe, um den Schuldner in die richtige Bahn zu bekommen.

Zu pfänden gab es bei Herrn T. nichts. Sein Bankkonto war mittlerweile leer geräumt, und in der Wohnung gab es nur Müll und Schrottmöbel. Allerdings stand in der Hofeinfahrt ein schwarzer VW Golf IV. Der Schuldner gab auch auf Nachfrage zu, dass ihm der Wagen gehöre. Nun war ich in der Zwickmühle. Eigentlich müsste ich das Auto pfänden und verwerten. Andererseits war das Fahrzeug in einem Zustand, der keinen großen Verwertungserlös bei einer Auktion erzielen würde.

Den Golf habe ich in Augenschein genommen und festgestellt, dass Herr T. den Wagen von seinem verstorbenen Vater übernommen hatte. Allerdings sah das Fahrzeug aus wie die Wohnung des Schuldners. Da der Wagen lange Zeit nicht bewegt worden war, hatten die Reifen bereits viel Luft verloren. Außerdem stand er unter Fichtenbäumen und war über und über übersät mit Tannenzapfen und -nadeln. Der Innenraum war vollkommen zugemüllt. Interessant an dem

Auto war, dass es trotz des Alters von siebzehn Jahren keinerlei Rostschäden aufwies, und der Tachostand zeigte lediglich 46.000 km an.

Nun überlegte ich, was in dem Fall das Sinnvollste wäre. Es gab diverse Möglichkeiten. Erstens: Ich erwähne das Fahrzeug nicht in meinem Rechenschaftsbericht, weil ich es nicht gesehen hatte. Zweitens: Ich vermerke das Fahrzeug im Rechenschaftsbericht und dokumentiere, dass ich von einer Pfändung absehe, weil sich der Wagen in einem nicht fahrbereiten und schlechten Zustand befindet. Drittens: Ich pfände das Auto, lass es von einem Abschleppunternehmen zur Dienststelle verbringen und übergebe es den Verwertungsbeamten.

Die letzte Möglichkeit hatte ich sofort ausgeschlossen. Wenn ich meiner Dienststelle ein so verkommenes Fahrzeug vor die Tür gestellt hätte, dann hätten die Kollegen mich für bescheuert erklärt. In dem vorgefundenen Zustand hätte das Auto vielleicht 500 Euro gebracht. Nach Abzug der Verwertungskosten wäre nur eine ganz geringe Summe für die Krankenkasse übrig geblieben.

Hätte ich den Golf so wie er war bei Herrn T. stehen gelassen, dann würde er sicher noch heute dort stehen und vollends Schrott sein. Ich dachte mir, ungewöhnliche Situationen erfordern ungewöhnliche Maßnahmen. Also besprach ich die möglichen Konsequenzen mit Herrn T. und bot ihm an, das Fahrzeug von ihm käuflich zu erwerben. Nach einigem Zögern willigte er ein und machte mir den Vorschlag, für die Summe von 2.000 Euro den Wagen an mich zu verkaufen. Das war mir jedoch für ein Auto in dem Zustand zu teuer. Allerdings wollte ich mich auch dem Vorwurf der Bereicherung nicht aussetzen.

Nachdem ich den Golf inspiziert hatte und mir einen ungefähren Überblick über die Instandsetzungskosten verschafft hatte, machte ich den Vorschlag, ihn für die Summe von 1.000 Euro zu übernehmen. Wir einigten uns auf 1.400 Euro. Vielleicht war der Preis etwas zu hoch angesetzt. Aber mir tat Herr T. leid, denn er konnte jeden Cent gut gebrauchen. Allerdings geriet ich in einen weiteren Konflikt. Herr T. hatte nun Geld in der Tasche und ich noch einen Vollstreckungsauftrag. Was tun? Das Geld hätte ich pfänden müssen. Doch dann wäre ich mir schäbig vorgekommen. Ich konnte Herrn T. noch davon überzeugen, dass er mir von dem Geld noch eine Restforderung für die Kfz-Steuer aushändigte. Die Krankenkasse ging bei dem Deal leer aus. In Anbetracht der hohen Schuldsumme wäre der Erlös für die Krankenkasse lediglich ein Tropfen auf den heißen Stein gewesen. Innerhalb weniger Monate hätten die Säumniszuschläge den

Gewinn aufgezehrt. Mir gelang es jedoch, die Krankenkasse über die schwierige Situation des Herrn T. zu informieren. Die Forderung wurde dann auf den Prüfstand gestellt und berichtigt.

Nun war ich also stolzer Besitzer eines vollkommen vermüllten Golf IV im Alter von siebzehn Jahren und 46.000 km auf dem Tacho. Drei Tage lang hatten meine Tochter Christine und ich versucht, den Wagen in ein Schmuckstück zu verwandeln. Nachdem die Werkstatt meines Vertrauens diverse Verschleißteile gewechselt hatte, bekam das Auto eine frische HU-Plakette, und seitdem gehört der Golf zu unserer Familie. Die 100.000 km hat er nun im Alter von 22 Jahren auf dem Tacho, und es kommen sicher noch viele dazu.

Der Lehrgang

Ein guter Vollziehungsbeamter ist stets bemüht, in seiner Dienstverrichtung noch besser zu werden. Ein wenig Abwechslung tut gelegentlich auch ganz gut. Für mich bot sich ein Lehrgang in Berlin an mit dem Thema: »Konfliktbewältigung«. Genau das Richtige für mich.

Nach Berlin mit dem Auto zu fahren ist eigentlich völlig unsinnig. Mit der Bahn ist man viel schneller dort, und in der Stadt ist man mit öffentlichen Transportmitteln besser beraten. Nein, ich wollte unbedingt mit dem Auto fahren. Die Fahrt über die A 2 verlief ohne Zwischenfälle. In Hannover machte ich einen kleinen Tankstopp und traf dort auf zwei junge Männer aus der Ukraine. Die waren als Tramper unterwegs und hatten in Barcelona auf ihrem Rückweg Pech gehabt. Dort wurden sie ausgeraubt und mussten nun ohne Barschaft quer durch Europa zurück in die Heimat trampen. Da kam sie wieder durch, meine christliche Nächstenliebe. Ich lud die beiden in mein Auto ein, und los ging es Richtung Berlin. Meine beiden Passagiere saßen auf der Rückbank und machten einen ziemlich müden Eindruck. Die Verständigung erfolgte mehr schlecht als recht in englischer Sprache. Die beiden machten einen sehr sympathischen Eindruck, und ich nahm ihnen die Geschichte von dem Raub ab. Bei all der Unterhaltung bemerkte ich eine Radarkontrolle auf der Autobahn Richtung Magdeburg nicht. Der Blitz kam für mich sprichwörtlich aus heiterem Himmel. Der unvermeidliche Blick auf den Tacho verriet: 140 Sachen. Kurze Zeit später las ich ein Schild mit der Information »80 wegen Fahrbahnschäden«.

Donnerwetter, hatte ich doch die Geschwindigkeitsbeschränkung prompt übersehen. Das wird wieder einmal teuer, und der Führerschein ist sicher für vier Wochen weg. Wie sage ich es bloß zu Hause? In Berlin kamen wir jedenfalls gut an. Meine Passagiere wollten dort bei einem Bekannten nächtigen und dann per Anhalter in ihre Heimat weiterreisen. Als ich den beiden zum Abschied zwanzig Euro in die Hand drückte, damit sie wenigstens eine warme Mahlzeit zu sich nehmen konnten, habe ich in zwei überglückliche Augenpaare geschaut. Der Tag war für mich wieder in Ordnung.

Der eine Woche dauernde Lehrgang über Konfliktbewältigung war wunderbar. Dort konnte ich schon einmal versuchen, den Konflikt zu Hause über den drohenden Führerscheinverlust in Gedanken durchzugehen.

Mir ließ der Gedanke über die Konsequenzen des Verkehrsvergehens keine Ruhe. Im Internet suchte ich schon mal nach einer Rubrik, in der man sich ausrechnen kann, wie hoch eine Strafe bei welchem Vergehen ausfallen wird. Es war unausweichlich. Punkte in Flensburg würde es geben und dazu eine saftige Geldstrafe. Dazu käme noch das Fahrverbot. Des Spotts und der Häme meiner Kolleginnen und Kollegen war ich mir schon sicher. Und dem Ärger zu Hause konnte ich auch nicht aus dem Weg gehen. Wie komme ich nun am günstigsten aus diesem Dilemma raus?

Nachdem ich mir die Informationen über die Strafe des Vergehens aus dem Internet zu Gemüte geführt hatte, fiel mir die Werbeanzeige einer Rechtsanwaltskanzlei aus Berlin auf. Dort wurde damit geworben, dass man durchaus erfolgreich gegen einen Bußgeldbescheid Widerspruch einlegen könne. Man müsse nur den richtigen Weg, nämlich den über einen kompetenten Rechtsanwalt, einschlagen. Nein, dachte ich, bei mir ist es doch eindeutig. Da beißt keine Maus den Faden ab. Mein Vergehen kann auch ein Anwalt nicht rückgängig machen. Außerdem wurde ich so erzogen, dass ich für einen begangenen Fehler einstehe und für die Folgen aufkomme. Jedoch saß mir das Fahrverbot enorm im Nacken. Vielleicht könnte mir ein pfiffiger Anwalt helfen, die Strafe zu mildern. Also meldete ich mich bei der Kanzlei.

Dort wurde ich freundlich begrüßt, und mein Fall bekam eine Vorgangsnummer. Meine Rechtsschutzversicherung wurde ebenfalls eingeweiht. Ich wurde gebeten, sämtliche behördlichen Schreiben bezüglich des Verstoßes umgehend an die Kanzlei zu senden. Das tat ich auch. Lange Zeit bekam ich keine Nachricht. Na ja, dachte ich, Behörden lassen sich manchmal viel Zeit für die Bearbeitung von Sachverhalten.

Doch einige Wochen später erhielt ich Post aus Magdeburg von der Bußgeldstelle des Landes. Darin wurde ich mit zwei Sätzen von der Einstellung des Verfahrens informiert. Es wurde kein Bußgeld verhängt, es wurden keine Punkte in der Verkehrssünderkartei eingetragen, und es wurde kein Fahrverbot erteilt. Für mich war das wie ein Sechser im Lotto. Nun interessierte mich aber, wie der Rechtsanwalt es geschafft hatte, dass das Bußgeldverfahren eingestellt wurde.

Ich wurde aufgeklärt. Zunächst verlangte der Rechtsanwalt Auskünfte über das aufgestellte Radargerät (war es geeicht, stand es an der richtigen Stelle und wurde es vorschriftsmäßig ausgerichtet). Außerdem wurde nach dem Bedienungspersonal gefragt (hatte der Bediener die Qualifikation für das Gerät). Ebenfalls wurde nach den Straßenverhältnissen und dem damals herrschenden Wetter gefragt. Wenn von Seiten des Verkehrsteilnehmers keine Gefahr ausgegangen war und niemand behindert oder geschädigt wurde, wird, so der Rechtsanwalt, in der Regel von einer weiteren Verfolgung des Falles abgesehen. So ein Glück kann man haben.

Kleine Anekdoten zwischendurch

Zahlungstermin bei einer jungen Familie an einem Vorabend. Die Ehefrau des Schuldners öffnete die Haustür und bat mich in die Küche. Ihr Ehemann, mit dem ich den Termin vereinbart hatte, stand offensichtlich noch unter der Dusche. Mama bat ihren kleinen Sohn, ins Bad zu gehen, um Papa zu fragen, wann er fertig sei. Sohnemann verschwand im Bad und kam umgehend zurück und teilte mit, dass Papa in ein paar Minuten kommen würde. Der Kleine stand dann vor mir, grinste mich an und erzählte mir: »Mein Papa hat Haare am Arsch, hihihi.« Das fand die Mutter allerdings gar nicht lustig und schickte den Kleinen ins Kinderzimmer. Für mich war es eine wertvolle Information, die ich dienstlich sicher gut verwenden konnte.

Eine tolle Familie

Gelegentlich bekam ich Vollstreckungsaufträge gegen eine Familie, deren Mitglieder vor vielen Jahren aus Polen, den früher besetzten deutschen Ostgebieten, in unsere Gegend gezogen waren. Die Familie hatte ein Haus gebaut und sich im Laufe der Jahre recht gut integriert. Allerdings hatten einige Mitglieder den Bogen raus, auch ohne feste Arbeit ein auskömmliches Leben zu führen. Mit der Justiz hatte die Familie gelegentlich zu tun, da die Rente der Großeltern nicht für alle ausreichte und die Kasse durch Betrügereien, Diebstähle und Handel mit geschmuggelter Ware aufgebessert wurde.

Eines der jüngsten Familienmitglieder war zeitweise in der Schulklasse unseres Sohnes. In der sechsten Klasse hatte die Klassenlehrerin die Schüler gefragt, welchen Beruf sie später einmal anstreben würden. In der Regel kamen die für das Alter üblichen Antworten. Nur der kleine Michael, der jüngste Spross der Familie, hatte eine recht glorreiche Vorstellung vom späteren Arbeitsleben. Er will einmal »Frührentner« werden, antwortete er. Das sind doch schon einmal ganz klare Vorstellungen wie man sich das Leben in der Erwachsenenwelt vorstellt. Vorbilder in der Familie hatte der Kleine ja genug.

Migration

In meinen letzten Jahren vor der Pensionierung hatte ich zunehmend mit Menschen zu tun, die aus den unterschiedlichsten Gründen aus vielen verschiedenen Ländern in Deutschland ihren neuen Lebensmittelpunkt gefunden hatten. In unserer Gesellschaft wird viel über Integration diskutiert. Die einen sind der Ansicht, Integration bedeutet, dass ausländische Mitbürger sich zügig in unsere Kultur einfügen. Andere wiederum kritisieren, dass diese Menschen nicht bereit sind, unsere Lebensgewohnheiten zu übernehmen, und ihre eigene kulturelle Herkunft nicht ablegen wollten.

Das Thema Integration ist viel zu komplex, um es in wenigen Worten umfassend zu erörtern. Einige Beispiele von gelungener und nicht gelingender Integration habe ich im Laufe der Zeit kennengelernt.

Vor etwa zwei Jahren erhielt ich einen Vollstreckungsauftrag gegen eine junge syrische Familie, die aufgrund eines Berechnungsfehlers der Bundesagentur für Arbeit einige Hundert Euro zu viel an Leistungen erhalten hatte und aufgefordert wurde, das Geld zu erstatten.

Bei meinem ersten Besuch lernte ich die Familie kennen und bekam Einblick in ihre Lebenssituation. Das Ehepaar (beide Mitte dreißig) war vor gut einem Jahr aus Syrien unter dramatischen Umständen mit zwei Kleinkindern geflüchtet. Die Familie lebte bis dahin in Homs, einer Großstadt, die durch den Krieg unbewohnbar geworden war.

Über viele Stationen und Flüchtlingslager war die Familie im Landkreis Osnabrück sesshaft geworden. Mittlerweile hatten die beiden Jungs (drei und fünf Jahre alt) einen Kindergartenplatz bekommen, in denen speziell Kinder mit Migrationshintergrund gefördert wurden. Erstaunlich war für mich, wie gut die beiden Kinder innerhalb eines Jahres die deutsche Sprache gelernt hatten.

Die Eltern, beide Akademiker, hatten in Syrien im Landwirtschaftsministerium gearbeitet. Der Krieg, die Bedrohung durch IS-Terroristen und die Sorge um ihre Kinder veranlassten sie zur Flucht. Nachdem sich die Familie in Deutschland einigermaßen mit den hier herrschenden Verhältnissen vertraut gemacht hatte und einige Sprachbarrieren überwunden worden waren, versuchten beide Eheleute eine geeignete Arbeitsstelle zu finden.

Damit gab es Probleme sowohl auf Seiten der Eheleute als auch auf Behördenseite. Arbeitsplätze wurden angeboten, jedoch entsprachen die Tätigkeiten bei weitem nicht der Qualifikation der Leute. Wissenschaftliche Arbeit in Syrien wird sicher dort andere Schwerpunkte setzen als in Deutschland. Außerdem fehlen in dem Bereich wahrscheinlich entsprechende Arbeitsplätze.

Viele Arbeitsvermittler sind mit solchen Aufgaben überfordert oder haben eine falsche Einstellung gegenüber Geflüchteten. Man muss nicht glauben, dass Menschen, die aus Krisengebieten flüchten und mit nichts als ihren Kleidern auf dem Leib hier Einlass begehren, auch in ihren Heimatländern nichts hatten und nichts waren.

Meinen Schuldner jedenfalls hat man völlig falsch eingestuft. Die Arbeitsvermittlung hat ihn, da er ja aus dem landwirtschaftlichen Sektor stammt, an einen Raiffeisenmarkt vermittelt. Dort konnte man ihn aus verständlichen Gründen jedoch nicht entsprechend seiner Ausbildung einsetzen. Er musste, wie er mir berichtete, eine Zeit lang im Lager Kartoffelsäcke abfüllen. Man merkte dem Mann sehr gut an, dass er in seiner Ehre gekränkt war. Einerseits war die Familie dankbar, dass sie bei uns aufgenommen worden war. Andererseits fühlten die Eheleute sich wegen der Perspektivlosigkeit falsch behandelt.

Beide Eheleute erklärten mir gegenüber, dass sie darauf warten, dass der Krieg in Syrien beendet wird, Baschar al-Assad endlich verschwindet und die Taliban zur Hölle fahren. Dann würde die Familie umgehend in die Heimat zurückkehren, um das Land wieder beim Aufbau zu unterstützen.

Über gelungene und misslungene Migration könnte ich hier noch einige Seiten füllen. Aber das ist ja nicht bevorzugtes Thema meines Buches. Ich möchte nur noch erwähnen, dass ich, bedingt durch meine Vollstreckungstätigkeit, viele Einblicke in Strukturen von Familien bekommen habe, die aus den unterschiedlichsten Beweggründen ihre Heimat verlassen und in Deutschland eine neue Chance gefunden haben.

Zu tun hatte ich es mit bulgarischen und rumänischen sowie polnischen Leiharbeitern, die teilweise saisonal in Deutschland beschäftigt waren. Zum Beispiel in Versandschlachthöfen, im Bausektor, als Erdbeerpflücker und Spargelstecher. So unterschiedlich die Menschen sind und aus welchen Kulturen sie auch stammen, sie haben alle nur das eine Ziel: Geld verdienen, damit man in der Heimat ein auskömmliches Leben führen kann. Wenn die Menschen entsprechend ihrer Qualifikation und der geleisteten Arbeit angemessen entlohnt werden, ist das auch völlig in Ordnung. Leider konnte ich aus Gesprächen mit betroffenen Arbeitern oft erfahren, dass die Leute ausgebeutet und nicht nach den gesetzlichen Bestimmungen beschäftigt werden. Auch das wäre ein Thema, dass gesondert behandelt werden müsste.

Tiere

Der beste Freund des Menschen ist bekanntlich der Hund. Allerdings habe ich Fälle erlebt, in denen Tiere vollkommen vorschriftswidrig gehalten wurden. Hunde ohne regelmäßigen Auslauf in kleinen Wohnungen waren regelmäßig zu beobachten. Oder solche, die mittels einer Laufleine an ein Haus gekettet waren und draußen ein trostloses Leben fristeten.

Zum Glück hatte ich in meiner Zeit im Außendienst nie eine Begegnung mit Hunden, die mir gefährlich wurden. Alle Hunde mochten mich scheinbar. Zur Sicherheit hatten wir Vollstrecker ein Pfefferspray in unserer dienstlichen Ausstattung, das im Notfall beißwütige Hunde von uns fernhalten sollte. Allerdings hätte mir so ein Gerät im Ernstfall nichts genützt, denn es lag sicher verwahrt im Handschuhfach meines Autos.

Eines Tages hatte ich einen Vollstreckungsauftrag bei einem Steuerberater zu erledigen. Den Herrn kannte ich bereits seit längerem und hatte ihn in seiner Kanzlei besucht. Einen aktuellen Auftrag hatte ich allerdings unter seiner Privatanschrift zu vollstrecken. Der Mann lebte allein in einer kleinen Wohnung eines Mehrfamilienhauses in der Stadt. Als ich vormittags beim ihm klingelte, öffnete er mir die Tür und bat mich, ein wenig zu warten, denn er müsse schnell seine Hunde einsperren. Besser so, dachte ich, wer weiß, wie gefährlich die sind.

Nach langen fünf Minuten kehrte mein Steuerberater an die Haustür zurück und fragte mich, ob ich Angst vor Hunden hätte. Ich verneinte. Er erklärte mir, dass er es nicht geschafft hätte, die Hunde in die Küche einzusperren. Die wollten einfach nicht aus seinem Büro raus. Die tun auch nichts, sagte er. Ein typischer Hinweis von Hundehaltern: Der tut nichts, der will nur spielen oder das hat er ja noch nie gemacht.

Nun denn, ich betrat die Wohnung und erwartete zwei stattliche und blutrünstige Bestien, die ich erst einmal zu Freunden gewinnen musste. Ich hatte jedoch Glück. Die Hunde entpuppten sich als niedliche kleine Pekinesen, von denen keine Gefahr ausgehen würde. Allerdings machten die beiden flinken Kreaturen einen Mordslärm. Bei dem Gekläffe war zunächst eine vernünftige Unterhaltung nicht möglich. Als sich die beiden wieder beruhigt hatten, konnte ich mein Dienstgeschäft endlich beginnen.

Mit einem sehr mitfühlenden jungen Mann hatte ich es zu tun, der auf eine schriftliche

Zahlungsaufforderung mit neuem Termin eine E-Mail mit folgendem Text sandte:

Sehr geehrter Herr Kaiser,

bitte sehen Sie von einem weiteren Besuch bei mir ab. Ich komme auch in Ihr Büro, wenn es geht. Ich habe nämlich eine alte Katze in der Wohnung. Sie leidet unter Bluthochdruck und hat Diabetes. Der Tierarzt hat mir geraten, Aufregung jeglicher Art zu vermeiden. Eine bestehende Netzhautablösung der Augen könne sich bei Stress verschlimmern.

Ich habe den Schuldner trotzdem besucht, die Katze jedoch von jeglichem Stress ferngehalten.

Deutsche Doggen

Eine junge Schuldnerin, die ich besuchte, war von besonderem Charme. Sie hauste auf engem Raum mit zwei Doggen unter einem Dach. Bevor sie sich einer »Schönheitskur« unterzogen hatte, sah sie bestimmt recht ansprechend aus. Allerdings hatte sie einen besonderen Geschmack, der nicht gerade meinem Schönheitsideal entsprach. Ein Tattoostudio muss sich an der Frau eine goldene Nase verdient haben. Auf ihrem Körper hatte ein Tätowierer sicher einen ganzen Liter Farbe aufgebracht. Und das vom Scheitel bis zur Sohle. Das genügte der Dame jedoch nicht, denn sie hatte auch noch diverse Leichmetallaccessoires in Form von Piercings auf ihrem Körper verteilt. Auch die Frisur zeugte von einer unheimlichen Kreativität. Lange, allerdings recht ungepflegte Rastalocken hingen ihr an einer Seite vom Kopf auf die Schultern. Im Gegenzug war die andere Seite des Kopfes kahlrasiert. Was soll ich sagen? Ein Bild für die Götter.

Die Frage »Was machen Sie beruflich? habe ich gar nicht erst gestellt. Vermutlich wäre die

Antwort gewesen: Lebenskünstlerin. Tatsächlich bezog sie ALG-II-Leistungen vom Jobcenter. Mich interessierte jedoch, wie man von den geringen Leistungen auch noch zwei Riesentölen ernähren kann. Schließlich gibt es für Hunde kein Kindergeld. Sie hatte den Bogen raus. So sie denn Zeit und Lust hatte, besuchte sie bestimmte Stellen in der Stadt, an denen reichlich Publikumsverkehr herrschte, und setzte sich an den Straßenrand, um zu betteln.

Angeblich würden die Leute so viel spenden, dass sie die Hunde gut versorgen könne, und für sie blieb auch noch etwas übrig. Das Geld liegt bekanntlich auf der Straße, man muss es nur aufheben.

Eine andere Rastalocken-Tattoo-Piercing-Frau hatte ich in ihrer Wohnung aufgesucht, die ebenfalls sehr tierlieb war. Sie züchtete und zähmte nämlich Ratten. Die Viecher liefen vollkommen handzahm durch die Wohnung und nahmen keinerlei Notiz von mir. Gott sei Dank. Wenn ich ein Lebewesen auf der Welt nun ganz und gar nicht leiden kann, ist das die Ratte. Auftrag ist Auftrag, wegrennen ist Feigheit. Also habe ich in gewohnter Manier die wirtschaftlichen Verhältnisse der Dame fein säuberlich in meinen Laptop getippt und mich anschließend höflich verabschiedet.

Galloways und andere Tiere

Wenn Tiere im Sinne des Gesetzes Sachen sind, unterliegen sie der Pfändbarkeit. Das hatte ich so auf einem Lehrgang erfahren und in einer Situation auch beherzigt. Auf einem ländlichen Anwesen hielt eine naturverbundene Dame außer Hühnern, Enten, Pfauen und Pferden auch einige Galloway-Rinder. Ich dachte mir, wenn ich hier etwas zu Geld machen könnte, dann die Rinder. Nach Abstimmung mit dem Innendienst wurde alles in die Wege geleitet, um die Tiere abzuholen und bis zur Verwertung kostenpflichtig unterzustellen. Es kam jedoch nicht zur Abholung, da sich Gläubiger und Schuldnerin zwischenzeitlich auf eine Zahlungsvereinbarung geeinigt hatten.

Ein drastisches Mittel der Geldeintreibung hatte ich einem Schuldner angedroht, der sich konsequent weigerte, seine Hundesteuer zu zahlen. Der Hundebesitzer fragte mich, was ich denn unternehmen würde, wenn er sich weigere, die Hundesteuer zu zahlen. Das ist kein Problem, sagte ich, dann wird der Hund abgeholt und von einem amtlich bestellten Jäger erschossen. So einfach ist das. Das Gesicht hätten Sie sehen sollen. Manchmal kommt man nur mit einem Bluff ans Ziel.

Das größte Tier, das ich in meiner Laufbahn als Vollstrecker ins Visier genommen hatte, war ein Elefant. Dabei ging es um größere Forderungen gegen einen Wanderzirkus. Nachdem mir die Vollstreckungsstelle den Tourenplan des Zirkus mitgeteilt hatte, konnte ich einen Vollstreckungsversuch in Osnabrück einplanen. Mein Sachbearbeiter wollte nun wissen, wie ich denn bei der Durchführung des Auftrages vorgehen werde. Ganz einfach, sagte ich ihm, wenn ich kein Geld bekomme, nehme ich einfach einen Elefanten mit und stelle den bis zur Zahlung auf den Amtsplatz des Hauptzollamts.

So weit kam es allerdings nicht. Die Angelegenheit wurde anders geregelt. Ich nahm mir die Zeit, allabendlich vor den Vorstellungen Platz im Kassenhäuschen des Zirkus zu nehmen und mich der Abendkasse nach Beginn der Vorstellung zu bedienen. Das verlief relativ problemfrei, denn die Zirkusleitung war mit meiner Regelung einverstanden und widersetzte sich nicht. Die komplette Forderung konnte ich allerdings nicht in der Woche »einspielen«. Den verbliebenen Vollstreckungsauftrag gab ich zu-

rück an meinen Innendienst, der dem Tourenplan gemäß an die zuständige Vollstreckungsstelle weitergegeben wurde. Ob die dortigen
Kollegen es genauso machten wie ich, habe ich
nicht erfahren.

Kann ein Mensch gepfändet werden?

Wie ich oben bereits geschildert habe, gehören Tiere zu den pfändbaren Objekten, da sie laut Gesetz als Sache gelten. Menschen allerdings sind nicht pfändbar. Ich weiß das, allerdings war das einem Vollstreckungsschuldner, der mit seiner Familie aus dem Kosovo stammte, nicht bekannt. Der Mann gehörte allerdings zu der Sorte »unangenehmer Mensch«, die gerne alle sozialen Vorteile des Sozialstaates für sich in Anspruch nimmt. Jedoch kam vom ihm so gut wie keine Gegenleistung. Sprich, das Arbeiten hatte er nicht erfunden.

Als ich ihn eines Tages mit einem Vollstreckungsauftrag besuchte (es war nicht das erste Mal, dass ich eine Forderung dort vollstrecken durfte), versuchte er sich wieder einmal mit Händen und Füßen gegen eine Zahlung zu wehren. Ich drohte ihm schlussendlich an, seine junge Tochter als Pfand mitzunehmen. Damit war er allerdings nicht einverstanden und stellte sich schützend vor sie. Er bot mir im Gegenzug an, ich könne doch »seine Alte« mitnehmen, die die Forderung bei uns abarbeiten könne. Die Ehefrau stand neben ihm, verzog aber keine Miene. Auf das Angebot habe ich erstens aus rechtlichen Gründen und zweitens aus ästhetischen Gründen verzichtet. Seine »Alte« war nun wirklich keine Augenweide. Also ging der Vorgang mit fruchtloser Pfändung zurück zum Innendienst.

Notfalls mit Gewalt

Wie weiter oben bereits erwähnt, sind wir Vollstrecker zum Eigenschutz mit einem Reizstoffsprühgerät ausgerüstet worden. Das Gerät ist als Waffe eingestuft und bedarf also besonderer Sicherheitsanforderungen. Bei mir sah es so aus, dass ich das unhandliche Teil nie bei mir trug, sondern stets im Handschuhfach meines Autos aufbewahrte. Dort lag es ungenutzt herum, bis es eines Tages zu einem ungewöhnlichen Einsatz kam.

An einem Wochentag hatten wir eine Familienfeier bei unserer ältesten Tochter in Osnabrück. Angelika hatte einen leckeren Kuchen gebacken, den Florians Freundin auf dem Schoß im Auto transportieren durfte. Sie hatte mit Florian auf dem Rücksitz des Autos Platz genommen. Auf dem Beifahrersitz nahm unser jüngster Sohn Lukas Platz. Alle drei warteten auf Angelika und mich, um endlich abzufahren. Lukas stöberte im Handschuhfach herum, um sich an meinem Bonbonvorrat zu bedienen. In dem Zusammenhang fand er das Reizstoffsprühgerät und hielt es in den Händen. Er fragte seinen großen Bruder, was das denn für ein Teil sei. Florian kannte den Apparat, wollte seinen Bruder allerdings in die Irre führen: »Das ist eine Taschenlampe.« Allerdings hatte er nicht damit gerechnet, dass Lukas die »Taschenlampe« auch ausprobieren würde.

Lukas klappte sodann die Abdeckung des Gerätes nach oben, schaute direkt in die Austrittsöffnung des Sprühstrahles und drückte mit dem Handgriff ab. Statt eines Lichtstrahles bekam er eine volle Ladung Pfefferspray mitten in sein Gesicht. In dem Moment verließ ich gerade das Haus und bekam mit, wie plötzlich drei Personen fluchtartig das Auto verließen, als sei eine Bombe explodiert. Lukas stand, wie zu einer Salzsäule erstarrt, vor dem Fahrzeug und war augenblicklich völlig erblindet.

Da ich den Umgang mit dem Reizstoffsprühgerät gelernt hatte, wusste ich auch, wie anschließend zu verfahren sei. Ich schnappte mir den »Blindfisch« und geleitete ihn in die Küche zum Waschbecken. Dort musste er seinen Kopf minutenlang unter den Wasserhahn halten und die Augen ausspülen. Nach etwa zwanzig Minuten war der Spuk vorbei. Das Augenlicht kam wieder, das Augenbrennen ließ nach, und Florian hatte sich auch schon tausendmal entschuldigt. Hauptschuldiger war natürlich in den Augen von Angelika ich. »Wie kannst du nur

so ein gefährliches Teil im Handschuhfach aufbewahren«, bekam ich mit harscher Stimme zu
hören. »Natürlich ich, ich bin ja immer an allem
schuld«, dachte ich. Wie durch ein Wunder ist
der Kuchen heile geblieben.

Müder Krieger

Es ist ja nicht jeden Tag so, dass man nur Freude an seiner Arbeit hat oder die Dienstverrichtung nicht auch sehr anstrengend ist. Manchmal habe ich den Dienst einfach abgebrochen, weil mir alles rund um die Geldeintreibung auf den Wecker ging. Schlecht gelaunt war ich oft, wenn ich über viele Stunden von Schuldner zu Schuldner gehetzt war und niemanden angetroffen hatte. Dann blieb nur die schriftliche Zustellung einer Zahlungsaufforderung mit einem neuen Besuchstermin. Von vornherein weiß man aus langer Erfahrung jedoch, dass der Großteil der gesetzten Termine von Schuldnern nicht eingehalten wird.

Ich kann mich an so einen vertanenen Tag erinnern. Reichlich geschafft und recht müde entschloss ich mich, den Heimweg anzutreten. Ich freute mich auf mein Sofa, eine Tasse Kaffee und nur noch ausruhen. Auf dem Rückweg nach Hause befiel mich eine bleierne Schwere. Ich konnte kaum noch die Hände am Lenkrad halten. An einer Ampel am Stadtrand musste ich bei Rot hinter einem Lkw halten. Dabei fielen mir schon die Augen zu. Hinter mir wartete kein weiteres Fahrzeug, welches hupen würde, wenn die Ampel auf Grün sprang. Plötzlich erwachte ich aus meinem kurzen Nickerchen und sah nur noch den Lkw von weitem. Als ich dann anfahren wollte, sprang die Ampel schon wieder auf Rot. Ich hatte im wahrsten Sinn des Wortes eine ganze Ampelphase »verpennt«. So anstrengend kann der Außendienst sein.

Hamburg-Mannheimer

Die Versicherung mit dem klangvollen Namen »Hamburg-Mannheimer« hat mich viele Jahre lang verfolgt. Es gab vor einigen Jahren einen Werbespot, in dem ein gewisser »Herr Kaiser« für die überragenden Leistungen des Unternehmens warb. Fast jeder Fernsehkonsument kannte die Werbung.

Eine große Anzahl von Schuldnern begrüßte mich mit »Ach, der Herr von der Hamburg-Mannheimer« oder »Sind Sie der von der Versicherung?«. Ich fand es stets lustig und konterte meist auch entsprechend. Gelegentlich sagte ich: »Nein, ich bin nicht der von der Versicherung, aber Ihr Geld will ich auch haben.« Einigen Leuten kann man auch richtig einen vom Pferd erzählen. Wenn dann wieder einmal so ein Spruch kommt, ob ich von der Versicherung komme, dann antworte ich: »Nein, der von der Versicherung ist mein Bruder.« Und es gibt einige Leute, die kaufen mir die Aussage tatsächlich ab. Das liegt eben an meinem seriösen Auftreten. Sollen sie doch dumm sterben.

Eine Schuldnerin, die ich längere Zeit unter

»Betreuung« hatte, zahlte regelmäßig Raten an mich. Allerdings war sie meist nicht zu Hause, wenn ich kam. Sie hatte dann immer einen Briefumschlag mit Geld unter die Fußmatte gelegt, den ich bei meinem Besuch an mich nehmen konnte. Auf dem Umschlag stand sehr nett geschrieben: »Für den lieben Herrn Kaiser von der Hamburg-Mannheimer«. Ist doch nett, so etwas.

Manni

Es gibt Schuldner, die sind im übertragenen Sinn nicht totzukriegen und die tauchen nach einer gewissen Zeit immer wieder auf. Zu der Sorte gehörte auch Manni. Ihn hatte ich vor zig Jahren in einer Kneipe, die er gepachtet hatte, kennengelernt. Für Manni kam nichts anderes in Frage, als Gastwirt zu sein. Dass er in der Branche eine Pleite nach der anderen hinlegte, konnte ihn nicht schocken. Er war ein typisches »Stehaufmännchen«. Merkwürdigerweise hatte er auch ständig jemanden gefunden, der ihm eine Kneipe verpachtete. Außerdem gelang es ihm stets, eine Brauerei zu finden, die ihn mit Getränken versorgte. Es lag wahrscheinlich an seinem unwiderstehlichen Charme. Wenn man mit ihm zu tun bekam, stellte man ziemlich schnell fest, dass man einen Chaoten vor sich hatte. Allein sein Outfit war sehenswert.

Nachdem Manni wieder einmal in einem kleinen Ort eine Kneipe eröffnet hatte, durfte ich ihn besuchen. Am frühen Nachmittag lungerten die ortsbekannten Taugenichtse und Zeittotschläger am Tresen rum. Manni hatte seine Klientel für gute Unterhaltung. Als er mich begrüßte, wusste er genau, was die Stunde geschlagen hatte. Er tat gegenüber seiner Kundschaft, als ob nun der Kaiser von China ihn persönlich besucht. Die Zechkumpane bat er, sich ein wenig zu gedulden, er hätte mit mir im Hinterzimmer etwas Hochwichtiges zu besprechen. »Wenn ihr was zu trinken braucht«, sagte er, »ihr wisst ja, wo alles steht. Striche machen auf eurem Deckel könnt ihr auch alleine. Ich bin gleich zurück.« Sagte es und verschwand mit mir in seine schmierige Küche. Die Unterredung dauerte ca. zehn Minuten. Es war wie immer. Manni hatte keine Kohle, und die Brauerei war auch nicht länger bereit, Getränke zum Nulltarif zu liefern. Die nächste Pleite schwebte bereits über dem Zapfhahn.

Nach meinem Besuch hätte ich gerne einmal die Deckel von den Zechkumpanen am Tresen kontrolliert und mit der entnommenen Biermenge verglichen. Ob da wohl alles abgerechnet wurde, was in der Zeit meines Besuches verzehrt worden war? Ein Schelm, der Böses dabei denkt.

Manni war jedenfalls schnell wieder verschwunden. Angeblich hatte er sich in eine alleinerziehende Frau außerhalb meines Bezirkes verliebt und war zu ihr gezogen. Natürlich hatte er es an seinem neuen Domizil wieder mit einer Kneipe versucht. Etwas anderes konnte er halt nicht. Nachdem er nicht nur mit seiner Kneipe, sondern auch mit seiner neuen Liebe gescheitert war, kam er »heim ins Reich«, nämlich in meinen Landkreis, in den Ort, wo er aufgewachsen war. Dort war er bekannt wie ein bunter Hund und versuchte sich erneut an einer Gaststätte. Die hatte er schnell gefunden. Es war ein Lokal, welches vor vielen Jahren sicher mit einer guten Führung recht ansprechend und gewinnbringend betrieben worden war. Manni konnte den guten Ruf der Kneipe jedoch nicht aufrechterhalten. Die ortsüblichen Schmeiß-fliegen hatten zu einem schnellen Exitus des Unternehmens beigetragen. Dumm war nur, dass Manni, der mittlerweile nirgends mehr Startkapital für seine Gewerbeanmeldungen auftreiben konnte, seine alte Mutter als Bürgin einspannte.

Manni war plötzlich untergetaucht. Viele Hunde sind bekanntlich des Hasen Tod. Die Schulden aus seiner letzten Kneipe zahlte seine Mutter von ihrer kleinen Rente ab. Als ich eines Tages bei der Mutter auftauchte und meinen Namen und meine Dienststelle nannte, fragte sie nur: »Was hat der Junge denn jetzt schon wieder angestellt? Wird der denn nie erwachsen? Der Kerl bringt mich noch ins Grab. Gut, dass sein Vater das nicht mehr erleben muss.«

Ich war mir sicher, dass Manni irgendwann

wieder in seinem Heimatort auftauchen würde. Und so war es auch. Eine alte Schuldenlast wird jedoch von den Gläubigern nicht so schnell vergessen. Mit einem frischen Vollstreckungs-auftrag freute ich mich schon auf Manni und seine unerschöpfliche Kreativität in Sachen Überlebenstraining. Als ich bei ihm vorsprach, war ich ziemlich gerührt. Er empfing mich mit einem breiten Grinsen auf dem Gesicht und strahlte. »Das ist ja toll, dass du mich endlich mal wieder besuchst. Komm rein, ich kann dir viel erzählen, was ich alles erlebt habe in letzter Zeit.«

Da ich Manni seit vielen Jahren kannte, wusste ich, dass er es ernst meint. Er hatte mich wirk-lich in sein Herz geschlossen. Wahrscheinlich deswegen, weil ich immer fair mit ihm um-gegangen war und mit ihm auf Augenhöhe ver-handelt hatte.

Er lebte nun von ALG-II-Leistungen des Job-centers. Endlich hatte er begriffen, dass die Gastronomiewelt für ihn nichts ist. Was für ihn jedoch unangenehmer war, waren seine samt und sonders gescheiterten Beziehungen. Er sagte, von jetzt an werde er nur noch allein leben. »Ich habe es mit Männern versucht, mit Frauen versucht. Alle haben mich nur verarscht und aus-genutzt. Mein ganzes Vermögen ist dabei drauf-gegangen. Nun habe ich die Schnauze voll.« Von welchem Vermögen er sprach, hatte er mir allerdings nicht verraten. Seit ich ihn kenne, war er jedenfalls stets arm wie eine Kirchenmaus. Wahrscheinlich hatten seine jeweiligen Partner bzw. Partnerinnen die Nase voll von seiner Schuldenmacherei.

Was ich allerdings an Manni stets bewundert hatte, waren sein Lebensmut und seine Unbekümmertheit. Ihn konnte nichts aus der Ruhe bringen. Er hatte zwar im Laufe der Zeit allerhand Schulden eingefahren. Jedoch hatte er, davon war ich überzeugt, niemand in voller Absicht betrogen und übers Ohr gehauen. Er war eben kein Kaufmann.

Mercedes 280 SE

Ein Mann lebt für seine Statussymbole. Dazu gehört unter anderem ein adäquates Fahrzeug. Und wie viele Männer es anstreben, einmal hinter dem »Guten Stern auf allen Straßen« (Daimler-Benz Werbung aus den siebziger Jahren) zu sitzen, so hatte sich auch mein Schuldner einen protzigen S-Klasse-Schlitten zugelegt. Das Gefährt war allerdings schon etwas älter, genau wie mein Schuldner. Aber es sah sehr gepflegt aus und stand dem Herrn gut zu Gesicht. Aus früherer selbstständiger Tätigkeit hatte er zwar einen sechs- bis siebenstelligen Schuldenberg auf dem Rücken. Das hinderte ihn jedoch nicht daran, nach außen hin wie »Graf Koks« aufzutreten.

Eines Tages, als er den Wagen noch ziemlich neu sein Eigen nannte, besuchte ich ihn wegen einer alten Forderung. Schnell war klar, dass er nicht zahlen konnte und das Unternehmen durch ein Insolvenzverfahren den Bach runtergegangen war. Eine eidesstattliche Erklärung hatte er auch bereits beim Amtsgericht abgegeben. Den Benz hatte er vorsorglich auf seine Frau angemeldet, damit niemand auf die Idee kommen würde, sein Schätzchen pfänden zu wollen.

Als autoaffiner Mann interessierte mich der Benz. Mein Schuldner führte mir das Fahrzeug vor und beschrieb alle technischen Raffinessen der Karosse. Mich interessierte unter anderem der Spritverbrauch. Den konnte mir der Besitzer nicht genau mitteilen. Er hatte allerdings eine merkwürdige Art, den Verbrauch zu ermitteln. Er ging zum Auto, öffnete die Fahrertür und zeigte auf die Tankuhr. »Ich bin nach dem letzten Tanken schon mindestens 400 Kilometer gefahren«, sagte er, »und die Tankanzeige ist noch auf halb.« Da er mir das auch belegen wollte, bedurfte es eines Drehs am Zündschlüssel, damit die Tankanzeige den Kraftstoffvorrat anzeigt.

Allerdings hatte der Herr den Zündschlüssel im Überschwang der Gefühle ein wenig zu weit gedreht. Die Zündung wurde aktiviert, und der Benz sprang auf den Schlag an. Es ist im Grunde toll, wenn ein Fahrzeug immer so schnell anspringt. Allerdings ist ein Haken bei der Sache. Wenn der Fahrer nicht am Steuer sitzt, sondern neben seinem Auto steht und der erste Gang eingelegt ist, dann macht sich der fahrbare Untersatz selbstständig. Unglücklicherweise rollte der führerlose Wagen gegen die Ecke seines Hauses und blieb dort stehen. Bestandsaufnahme des

Schadens: eingedrückte Chromstoßstange, ein-
gedrückter Kühlergrill, verbeulte Motorhaube.

Der Tag war für meinen Schuldner gelaufen.
Ich tat mein Bedauern kund und merkte zum
Schluss überflüssigerweise an: »Das wird teuer.«
Danach ließ ich den Kerl in seinem Elend zurück
und verließ das Gelände mit der wichtigen In-
formation, dass ein Mercedes 280 SE nach 400
gefahrenen Kilometern noch einen halbvollen
Tank hat.

Die Schweigsame

Eine wissenschaftliche Erkenntnis besagt: »Man kann nicht nicht kommunizieren.« Das Gegenteil wollte mir einmal eine junge Schuldnerin beweisen.

Der Fall: Ich begab mich mit einem Vollstreckungsauftrag der Bundesagentur für Arbeit zu einer Adresse, die mir aus früheren Fällen bekannt war. Ein Mehrfamilienhaus, in dem überwiegend Menschen leben, bei denen der Wohlstand nicht gerade aus dem Fenster schaut. Meine Schuldnerin, eine junge Frau etwa Mitte dreißig, öffnete die Wohnungstür, und ich bat um Einlass. Ein schneller Rundumblick und ich wusste: Hier musst du so schnell wie möglich raus. Ein Bombenanschlag hätte keine größere Verwüstung anrichten können. Mein Vorgehen: Laptop aufklappen (natürlich im Stehen, mangels anbietbarem Stuhl), Vordruck über eine fruchtlose Pfändung fertigen, ALG-II-Bescheid zeigen lassen und nichts wie raus aus der Räuberhöhle.

Es kam anders. Auf meine Frage, ob die Schuldnerin die Forderung (immerhin ging es um mehr als 4.000 Euro) zahlen könne, antwortet sie kurz und knapp: »Ja.« Bisher hatte sie außer einem knappen »Guten Morgen« nichts gesagt. Auf die Frage, ob sie das Geld jetzt zur Verfügung habe, antwortete sie ebenso wortkarg: »Auf der Bank.«

Wie kommt man am schnellsten an das Geld der Schuldnerin? Ganz einfach. Man bietet der Dame an, mit ihr zur Bank zu fahren und das Geld abheben zu lassen. So geschehen fuhr ich mit der Frau quer durch die Stadt zu ihrer Bankfiliale. Um die Spannung etwas zu entzerren, versuchte ich ein Gespräch aufzubauen. Egal, welch ein Thema ich ansprach, die Frau starrte immerzu geradeaus auf die Fahrbahn und war nicht zu bewegen, auch nur einen Ton zu sagen. Das ging so etwa fünfzehn Minuten. Dann waren wir bei der Bank, und sie stieg aus.

Es hatte für meine Einschätzung recht lange gedauert, bis sie zurück zum Auto kam. Ich wurde skeptisch, weil die ganze Angelegenheit doch mittlerweile ungewöhnliche Züge annahm. Doch dann kam sie wieder in mein Auto. Zählte mir das soeben vom Konto abgehobene Geld passend vor und schwieg immer noch. Ich fuhr sie wieder zu ihrer Wohnung, hatte jedoch aufgegeben, eine Konversation mit ihr zu beginnen. Vier Worte hatte sie nach der Rückkehr doch noch für mich übrig: »Vielen Dank, auf Wiedersehen.«

Die Streitlustige

Mit dem genauen Gegenteil von schweigsam hatte ich es bei einer anderen Schuldnerin zu tun. Schon mehrfach ausgetragene Konflikte mit einer Frau Mitte fünfzig ließen nichts Gutes ahnen. Es gibt Leute, mit denen kommt man einfach nicht klar. Die provozieren und reizen einen bis aufs Blut. Und man muss seine Gefühle dann besonders im Griff haben, um nicht ausfallend zu werden. Denn dann haben die Typen einen Angriffspunkt, um sich bei der Dienststelle zu beschweren. Auch wenn man die Faust noch so sehr in der Tasche geballt hat, sie bleibt drin.

In dem Fall lief es allerdings so aus, dass ein Durchsuchungsbeschluss unausweichlich war. Der wurde mir auch vom Amtsgericht ausgestellt, und ich begab mich unter Zuhilfenahme eines kundigen Schlüsseldienstes und meines Helfers für besondere Aufgaben, meines Kollegen Heiner, zu der Wohnung der Schuldnerin.

Den Schlüsseldienst benötigten wir nicht, die Dame hatte uns die Wohnungstür geöffnet und, natürlich unter lautem Protest, den Zugang ermöglicht. Etwas anderes blieb ihr schließlich nicht übrig. Wir waren im Recht, und das wurde unmissverständlich durchgesetzt.

Wenn uns das keifende Ungeheuer in der Amtshandlung, nämlich der Durchsuchung der Wohnung nach pfändbaren Gegenständen, wenigstens nicht gestört hätte, wäre die Sache schnell aus der Welt gewesen. Aber nein. Sie schimpfte wie ein Rohrspatz. Ich war kurz davor, ihr eine Beleidigungsklage anzudrohen. Verstärkung erhielt die Frau aus der Küche. Dort hielt sich der Ehemann der Schuldnerin auf und leistete ihr Schützenhilfe. Der Mann saß im Rollstuhl und schrie immerzu: »Schmeiß die Arschlöcher raus.« Das haben wir geflissentlich überhört.

Außer einem unvorstellbar großen Berg von alten Zeitungen, die die Familie in vielen Jahren gesammelt und in der gesamten Wohnung aufgestapelt hatte, war augenscheinlich nichts zu holen. Nun kam Kollege Heiner mit seinem Spürsinn für Geld wieder einmal zum Zug. Er hatte ein Sparbuch der örtlichen Sparkasse gefunden. Als er es an sich nehmen wollte, stürzte sich unsere Streithexe auf ihn, entriss ihm das Dokument und schrie nur: »Das ist das Letzte, was wir haben, das bekommt ihr nicht.« Sie versteckte das Sparbuch hinter ihrem Rücken und wollte es nicht herausgeben. Wenn es um Geld geht, versteht Heiner keinen Spaß. Während die

Dame noch mit mir stritt, hatte sich Freund Heiner unbemerkt hinter sie geschlichen und ihr
blitzartig das Sparbuch aus der Hand gerissen.
»Wetten doch«, sagte er trocken.

Aus der Küche in sicherer Entfernung kam
wieder die Schimpfkanonade mit: »Schmeiß
die Arschlöcher doch endlich raus.« Dann sind
wir natürlich gegangen, schließlich waren wir
am Ziel.

... wenn man mit dem Auto unterwegs ist ...

Der Tag begann wie immer im Büro. Die Aufträge für den Außendienst wurden sorgfältig nach anliegenden Terminen sortiert. Und los ging es mit dem Pkw in den Landbezirk. Nachdem die morgendliche Kaffeepause und diverse Telefonate doch ein wenig länger gedauert hatten als vorgesehen, wurde die Zeit knapp, und der erste Termin stand an. Ich hatte einem meiner Schuldner vierzehn Tage zuvor schriftlich mitgeteilt, dass ich ihn an einem Donnerstag vor Ostern zwischen 11 und 12 Uhr erneut aufsuchen werde. Da es buchstäblich schon fünf Minuten vor zwölf war, als ich in seine Straße einbog, wollte ich keine Zeit mehr verlieren, um den Termin noch rechtzeitig wahrzunehmen.

Allerdings hatte ich nicht damit gerechnet, dass in unmittelbarer Nähe des Schuldners die dortige Schule ihre Schülerinnen und Schüler in die Osterferien entlassen hatte. Eine Horde von Kindern und Jugendlichen stürmte über die Straße zum nahen Omnibusbahnhof. Einige waren mit dem Fahrrad unterwegs und fuhren ziemlich unkoordiniert Richtung Heimat.

Als erfahrener Vater von vier Kindern weiß ich, dass Kinder, zumal wenn sie in Gruppen auftreten und dann noch in die Ferien entlassen werden, im Straßenverkehr unberechenbar sind. Also stellte ich meine Fahrweise auf die Situation ein, obwohl mir der beschriebene Termin im Nacken saß.

Vor mir radelten drei junge Mädchen im Alter von etwa zehn Jahren nebeneinander her und gackerten herum. Mich, der in sicherem Abstand hinter ihnen herfuhr, bemerkten sie zunächst nicht. Als vor ihnen plötzlich ein Hindernis auftauchte und die drei ausweichen mussten, drehte sich eines der Mädchen zu mir um, sah mich und bekam einen Schreck. Sie wich unvermittelt nach links aus und berührte mit dem Vorderrad ihres Fahrrades den Bordstein. Ein Sturz war unvermeidlich. Ich verlangsamte meine Fahrt und stellte fest, dass die Kleine wohl gestürzt war, aber keinen ernsthaften Schaden erlitten hatte. Das hast du nun von deiner Baselei, dachte ich, und fuhr langsam an ihr vorbei. Ihre Mitschüler hatten auch angehalten, um dem Kind wieder auf die Beine zu helfen. Für mich bestand kein Handlungsbedarf.

Auf den letzten Drücker konnte ich den angekündigten Termin auch noch einhalten. Allerdings hatte es mein Schuldner nicht für nötig befunden, anwesend zu sein. Ich drehte unverrichteter Dinge um und nahm den nächsten Auftrag in Angriff. Auf dem Weg dorthin kam ich an der Stelle vorbei, an der das Mädchen gestürzt war. Die Kleine saß noch immer auf dem Bürgersteig und plärrte. Ich hielt mein Auto an und stieg aus. Mittlerweile hatten sich an der Stelle bereits mehrere Personen eingefunden, die sich um das Unfallopfer kümmerten.

Aus der Menge der Anwesenden riefen einige Mädchen zu den anderen Leuten vor Ort: Der war's, der war's. Alle starrten auf mich. Ich bekam einen Schreck. Was soll ich gewesen sein, fragte ich. Die Mädels behaupteten, ich hätte ihre Freundin mit dem Auto umgefahren. Den Erwachsenen, die sich um die Verunfallte kümmerten, erklärte ich den Sachverhalt. Ich bot auch an, das Mädchen nach Hause zu bringen in Begleitung einer anderen Person. Oder ich wäre auch mit ihr ins nahegelegene Krankenhaus gefahren, um die kleine Schürfwunde am Knie behandeln zu lassen. Eine anwesende Frau hielt das aber nicht für notwendig, da die Klassenlehrerin der Schülerin bereits verständigt worden war, die sich um alles Weitere kümmern würde. Für mich war der Fall damit erledigt, und ich setzte meinen Dienst fort.

Die Angelegenheit wäre hier eigentlich nicht

weiter erwähnenswert, wenn der Vorgang nicht einen ungewöhnlichen Ausgang genommen hätte. Am Ostersonntag holte ich nach dem Aufstehen unsere sonntägliche Zeitung aus dem Briefkasten und staunte nicht schlecht, als auf der ersten Seite in der Mitte ein schwarz eingerahmter Artikel zu lesen war, in dem die Polizei wegen einer Unfallflucht ermittelte. Dem Text war sinngemäß zu entnehmen, dass ein Mann gesucht wird, der am Donnerstag vor Ostern ein Mädchen mit dem Auto umgefahren hat und dann, ohne sich um die verletzte Person zu kümmern, von der Unfallstelle entfernt hat. Da wusste ich natürlich sofort, dass ich gemeint war, der sich so schändlich verhalten hatte.

Allerdings, und darüber kann man im Nachhinein schmunzeln, war die Beschreibung der Unfallzeugen, in diesem Fall die Mädchen, recht abenteuerlich. Der Unfallflüchtige wurde wie folgt beschrieben: das Auto, ein dunkelroter VW Golf, der Fahrer ein großer Mann mit einer randlosen Brille, beginnender Glatze und vom Alter so zwischen siebzig und achtzig Jahre alt.

Eigentlich konnte ich das ja nicht gewesen sein, denn zu dem Zeitpunkt des Vorfalls war ich gerade mal Ende fünfzig. Allerdings passten alle anderen Daten. Ich habe mich anschließend der Polizei »gestellt«. Nach der Darstellung des Sachverhaltes wurde ein Strafverfahren gegen mich auch eingestellt. Doch meine Kollegen auf der Dienststelle, die den Vorfall mitbekommen hatten und auch die Zeitungsnotiz gelesen hatten, wünschten mir, dass ich gesund bleibe und eines Tages auch so alt werde, wie ich jetzt schon aussehe.

Zum guten Schluss

Nun könnte ich die Liste der Geschehnisse rund um meinen Vollstreckungsaußendienst um viele Episoden fortsetzen. Aber ich werde mich auf die hier geschilderten Fälle beschränken.

Dass ich, als ich im zarten Alter von siebzehn Jahren bei der Zollverwaltung einstieg, einmal als langgedienter Vollziehungsbeamter in Pension gehe, hätte ich mir nicht träumen lassen. Schließlich wollte ich an der Grenze Schmuggler fangen. Doch die Fügung des Schicksals hat es anders mit mir gemeint.

Die 37 Jahre in der Vollstreckung haben mir erstens viel Freude bereitet und zweitens, und das finde ich mindestens genauso wichtig, mir unheimlich viele Einblicke in das Leben von Menschen gegeben, denen es aus den unterschiedlichsten Gründen nicht gutgeht.

In den letzten Jahren bekam unsere Vollstreckungsstelle mehr und mehr junge Nachwuchskräfte zur Ausbildung. Nachdem die Anwärter einige Zeit im Innendienst die Aufgaben in der Vollstreckung kennenlernen durften, wurden sie meistens für eine Woche den Kollegen des Außendienstes zugewiesen. Für mich war es stets eine willkommene Abwechslung, den jungen Leuten Einblick in unsere Tätigkeit zu geben.

Junge Leute neigen dazu, Dinge zu kritisieren, die nicht so nach ihren Vorstellungen verlaufen. Das ist legitim. Ich habe allerdings stets darauf hingewiesen, dass wir Angehörige der Zollverwaltung mit einem sogenannten »Goldenen Löffel« ausgestattet sind aufgrund unseres Status in der Gesellschaft. In jungen Jahren ging es mir nicht schnell genug mit Beförderungen, und das Gehalt hätte auch schneller mehr werden dürfen. Jedoch habe ich mit zunehmendem Alter festgestellt, dass nicht das Einkommen allein ein Kriterium für einen guten Job ist.

Wir Zöllner im öffentlichen Dienst haben ein sehr großes Maß an sozialer Sicherheit. Dazu kommt, dass wir uns, auch wenn es nicht sofort klappt, unseren Arbeitsplatz aussuchen können. Die Zollverwaltung ist sehr vielschichtig in ihren Aufgabenbereichen. Da ist sicher für jeden etwas dabei. Manch einem unzufriedenen Kollegen oder einer Kollegin habe ich geraten, nicht über die Verhältnisse unzufrieden zu sein, sondern dann den Mut zu haben, zu kündigen. Bei uns wird niemand unfreiwillig festgehalten. Wie schnell ein Mensch ins Bodenlose abstürzen kann, konnte ich vielen Auszubildenden anhand von Beispielen nahebringen. Wenn ein sicher geglaubter Arbeitsplatz von heute auf morgen wegbricht und nach dem Bezug von ALG I das Einkommen auf ein Minimum, nämlich ALG II, sinkt, dann ist der soziale Absturz vorprogrammiert. Und solche oder ähnliche Fälle habe ich in meiner Dienstzeit zur Genüge kennengelernt. Was nützt es mir, wenn ich einen gut dotierten Arbeitsplatz innehabe oder ein gut laufendes Geschäft betreibe, wenn eines Tages der Job gekündigt wird oder die gewerblichen Einkünfte wegbrechen? Die Folgen haben viele meiner Schuldner schmerzhaft erfahren müssen.

Spuren hat mein Beruf in jedem Falle bei mir hinterlassen. Einerseits bin ich dankbar dafür, dass ich in der Zollverwaltung ein abgesichertes Leben führen kann. Andererseits habe ich unendlich viele Einblicke in prekäre Verhältnisse und in die Gefühlswelt meiner Schuldner bekommen. Wie eine rheinländische Weisheit es beschreibt mit »Jeder Jeck is anders«, so konnte ich mir von den Menschen oft ein Bild von den Befindlichkeiten machen und wie jeder anders mit Krisensituationen umgeht. Bewundert habe ich Leute, die nach unzählig vielen Rückschlägen neuen Mut gefasst haben und wieder, wie auch immer, auf die Beine gekommen sind.

Das Gegenteil von Krisenbewältigung konnte ich jedoch auch häufig erfahren. Die für mich gravierendsten Fälle waren die, in denen Väter, aus welchen Gründen auch immer, die Flucht ergriffen hatten und sich jeglicher Unterhaltsverpflichtung entzogen haben. Ich habe viel Leid der alleinerziehenden Mütter mitbekommen, die auf staatliche Leistungen angewiesen waren und ohne männlichen Beistand den Alltag meistern mussten.

Wie geht es weiter?

Nach einem langen Berufsleben stellt sich für jeden die Frage: »Was fange ich mit meinem Ruhestand an?« Das ging mir nicht anders. Bis zum letzten Tag meiner Außendiensttätigkeit im Dezember 2021 habe ich meine Aufträge wie gewohnt erledigt. Von jetzt auf gleich zu Hause zu bleiben und nicht mehr morgens das Auto aus der Garage zu holen und kreuz und quer durch den Bezirk zu reisen, konnte ich mir nur schwer vorstellen.

Gelungen ist mir der Ausstieg aus dem Beruf erstaunlich gut. Nachdem ich am 21. Dezember vom Leiter unserer Dienststelle mit einem warmen Händedruck und netten Abschiedsworten die Entlassungsurkunde aus dem öffentlichen Dienst entgegengenommen hatte, fuhr ich mit gemischten Gefühlen nach Hause. Am 3. Januar hatte ich noch einmal das Bedürfnis, in den Außendienst zu gehen, aber doch nur im Halbschlaf kurz vor dem Wachwerden. Ich überlegte, wohin ich heute fahren müsse und welche Termine ich gesetzt hatte. Doch als ich richtig wach war, überkam mich das wohlige Gefühl, liegenbleiben zu können und den Tag langsam zu beginnen.

Wie mich viele meiner Bekannten, Freunde und Kolleginnen und Kollegen kennen, bin ich kein Typ, der den Müßiggang liebt. Mein zweiter Vorname könnte auch »Ungeduld« sein. Schon weit vor der Zurruhesetzung hatte ich bereits Pläne für »die Zeit danach«.

Als erstes Ziel strebe ich an, meine bereits im vorletzten Jahr begonnene Flugausbildung bei unserem örtlichen Luftsportverein zu beenden. Ich kann es kaum erwarten, die Lizenz zum Allein-flug für Ultraleichtflugzeuge zu erwerben. Viel Frischluft werde ich mir um die Ohren wehen lassen, wenn ich mit meinen Enkelkindern in dem im letzten Sommer dank eBay ergatterten Volvo C70 Cabrio durch die Gegend reise. Zwei ehren-amtliche Tätigkeiten in unserer Kirchengemeinde und als Schiedsmann in unserer Gemeinde sorgen zwischendurch auch für Abwechslung.

Ein absolutes Highlight in diesem Jahr wird ein dreiwöchiger Aufenthalt auf Hawaii sein. Anlass der Reise ist die Teilnahme unseres Soh-nes Florian an dem diesjährigen Ironman. Er bat mich, ihn zu begleiten, da er für die Zeit des mörderischen Wettbewerbs gerne einen Be-treuer hätte. So ein Erlebnis bekommt man nur einmal im Leben. Ich konnte ihm den Wunsch nicht abschlagen.

Wenn man, wie ich, erst die sechzig überschritten hat, kommt unweigerlich das Thema Gesundheit auf den Plan. Bei jeder Diskussion über geplante Aktionen schwebt stets eine kleine Wolke, in der steht: »Hauptsache du bleibst gesund.« Das wünscht sich schließlich jeder, ich mir auch. Der liebe Gott hat es mit mir und unserer Familie bisher sehr gut gemeint. Ich hoffe, dass er uns auch noch viele Jahre begleitet und seine schützende Hand über uns hält.

Statistik

Überschlagartig habe ich mir die Mühe gemacht zu ermitteln, was ich in den letzten 37 Jahren im Vollstreckungsaußendienst arbeitsmäßig erledigt habe.

Hier die Zahlen:

Dienstlich gefahrene Kilometer ca. 600.000 bis 650.000. Dafür habe ich fünfzehn verschiedene Pkw der Marken VW (10), Ford(1), Daimler Benz(2) und Volvo(2) benutzt (vierzehn privateigene und zuletzt ein Dienstfahrzeug).

Erledigte Vollstreckungsaufträge: ca. 80.000 bis 90.000 (sind genau nicht zu erfassen).

Beigetriebene Geldsumme: ca. 7,4 Millionen Euro (inkl. umgerechneter DM-Beträge) in Bargeld bzw. Scheckzahlungen der Schuldner an mich.

Von mir gezahlte Buß- und Verwarnungsgelder wegen Verkehrsordnungswidrigkeiten: Ganz schnell abhaken.

Danke ... Danke ... Danke ...

... meinen lieben Kollegen im Außendienst: Heiner, der mich von Anfang bis Ende begleitet hat, Wolfgang, Günter und Michael. Wir hatten viele schöne Jahre zusammen im Dienst. Die Treffen im Büro und anschließend beim Kaffee waren immer sehr lustig und freundschaftlich.

... den Kolleginnen und Kollegen im Innendienst der Vollstreckungsstelle in Nordhorn: Steffi und Anna sowie Ewald, Gerfried und Heike. Auf sie konnte ich mich immer verlassen, und wir haben gemeinsam so manchen kniffligen Vollstreckungsauftrag erfolgreich abgeschlossen.

... den Kolleginnen und Kollegen von der Kraftfahrzeugsteuersachbearbeitung (KraftSt). Bei Petra S., Petra F., Matze, Marvin und Andreas habe ich stets ein offenes Ohr für dienstliche Belange gehabt. Endlose Informationen bekam ich stets von euch, wenn ich mal nicht weiterkam. Und der Kaffee stand bei jedem Besuch ungefragt auf dem Tisch. Auch wenn die Kaffeesahne mal wieder alle war.

Dass dieses Buch überhaupt zustande kam, war nicht zuletzt das ständige Auffordern von Petra S. und Petra F. Fast jedes Mal, wenn ich bei KraftSt zu Besuch war und meine mehr oder weniger chaotischen Erlebnisse zum Besten gab, hieß es: »Schreibe doch mal ein Buch.«

Und so ist es jetzt.

Über den Autor

GEORG KAISER, Jahrgang 1956, Zollbeamter im Ruhestand. Aufgewachsen im Osnabrücker Land ist er nach Beendigung der Handelsschule 1974 in den mittleren Dienst der Bundeszollverwaltung eingetreten. Nach der Ausbildung unter anderem an der damaligen innerdeutschen Grenze folgten einige Jahre Grenzaufsichtsdienst an der deutsch-niederländischen Grenze und Dienst als Abfertigungsbeamter an einem Grenzzollamt. Von 1985 bis zum Eintritt in den Ruhestand Ende 2021 war Georg Kaiser als Vollziehungsbeamter beim Hauptzollamt Osnabrück tätig.